FUNDAMENTAL

SPANISH

Second Edition

FUNDAMENTAL
SPANISH

Second Edition

BARBARA BREGSTEIN

Printed in Victoria, Canada

National Library of Canada Cataloguing in Publication Data

Bregstein, Barbara
    Fundamental Spanish / Barbara Bregstein.

ISBN 1-55395-780-6

    I. Title.

PC4112.B74 2003   468.2'421   C2003-900705-7

This book was published *on-demand* in cooperation with Trafford Publishing.
On-demand publishing is a unique process and service of making a book available for retail sale to the public taking advantage of on-demand manufacturing and Internet marketing. **On-demand publishing** includes promotions, retail sales, manufacturing, order fulfilment, accounting and collecting royalties on behalf of the author.

Suite 6E, 2333 Government St., Victoria, B.C. V8T 4P4, CANADA

Phone	250-383-6864	Toll-free	1-888-232-4444 (Canada & US)
Fax	250-383-6804	E-mail	sales@trafford.com
Web site	www.trafford.com	TRAFFORD PUBLISHING IS A DIVISION OF TRAFFORD HOLDINGS LTD.
Trafford Catalogue #03-0143		www.trafford.com/robots/03-0143.html	

10   9   8   7   6

CONTENTS

PART II: Objects, reflexive verbs, present subjunctive

PART III   Preterit, imperfect, double object pronouns

PREFACE

Fundamental Spanish uses a developmental skills approach to teach talking, listening, reading, and writing to beginner and intermediate learners. It is a step by step approach which teaches grammar and conversation in the order of linguistic need. This book is based on the natural order of language acquisition: that is; each chapter becomes the base for the next and the progression of language learning is orderly and clear.

Each chapter contains clear grammar explanations, and varied written and oral exercises to test progress. Extensive vocabulary lists are provided to enhance communication; complete verb conjugations are given so that students can practice pronunciation as they learn verbs. Over 300 most commonly used verbs are contained in *Fundamental Spanish*. There is a pronunciation chart at the beginning to help independent learners. Original readings throughout the book are progressive in form and content.

A word to the learners
While focusing on grammar, it is important to remember that your ultimate goal is to speak and understand Spanish. You'll be able to do this by keeping three principles of learning in mind.

1. Understand the grammatical concept and learn as much of the vocabulary as you can. Follow the order of the book; you will discover that *Fundamental Spanish* provides the verbs, vocabulary, and structure as you need them. Have patience and take your time. Continue to the next chapter when you are ready.

2. Pronounce everything aloud.
   Spanish is a phonetic language, so you can practice as you go along. Every time you learn new verbs and vocabulary words, practice them aloud. Most chapters have oral exercises which give you an opportunity to form answers and to speak. Also, practice with native speakers whenever you get the chance.

3. Do the written and oral exercises.
   Each chapter contains exercises which provide practice in the grammar covered in the particular lesson. As you progress, you will see that the exercises reflect not only the grammar explained in the current lesson, but also everything you have learned up to that point. They will test your ability to recall previous grammatical elements and serve as self-tests and guides to your review.

A word to the teachers
It is recommended that you follow the order of this book because it builds the grammatical base, chapter by chapter. The order of the lessons plus the clarity of the explanations give you the flexibility to move as quickly or as slowly as you wish. This is a task chain in that the successful completion of one sequence of grammar is dependent on the successful completion of the task before. *Fundamental Spanish* can also be used in any order to review specific elements that the particular level or class requires.

Bregstein Teaching Method
Students will be able to speak Spanish the first day of class. By the third class, they will be able to form their own questions, sentences, and answers. This method has proved highly successful with students of all levels and backgrounds, and develops creativity, independent thinking, and results in rapid progress. The following is a guideline on how to carry out its objectives.

The cooperative approach

Class 1
On the first day of class, create a supportive and relaxed atmosphere, a non-competitive situation where students feel that they are learning together. Introduce yourself in Spanish with *me llamo*. Have each student pronounce *me llamo* and his/her name. Next teach *¿Cómo se llama Ud?* Now the students can ask each other their names. Encourage them to give themselves Spanish sounding names. The class continues in this way until they have introduced themselves to each other. Use as much of the *Greeting and Salutations* as you wish. This introduction gives your students the chance to talk, understand, and practice sounds by ear in the first day of class. Teach Chapter 1 – nouns, articles, and adjectives. Practice aloud as much as possible.

Listening, speaking, reading, and writing are interrelated

Class 2
Teach *estar*. Have the students write their own questions and sentences in class. Then use their questions as the basis of your first conversation. Use <u>only</u> the vocabulary and verbs in the current chapters. This establishes a shared vocabulary. For example:

Student 1. ¿Dónde está el hotel?
Student 2: Él hotel está en la ciudad.
Continue asking and answering questions and have as many students speak as possible. Assign homework which includes but is not limited to writing original questions and sentences with the verb *estar*.

Class 3
First practice pronunciation in general. Then move to the homework that they have written. Have one student ask a question in Spanish. As many students answer as they want. The teacher corrects grammar and pronunciation. It is important for students to speak clearly and precisely from the beginning, so they can understand each other in the classroom situations and in all other environments as well. As soon as you think they have understood *estar,* teach *ser*. Have them write a question or sentence with *ser*, then practice. For homework, assign homework in which they write questions and sentences using both *ser* and *estar*.

Practice talking and listening

Class 4
Practice conversation. Your timing is flexible. Practice every element you teach. Continue to *hay* and the interrogative words. Now their ability to form questions and sentences expands.

Class 5
Continue to chapters 4 and 5. Teach regular verbs if the students are ready. Add in numbers anytime you wish. Again, assign homework in which the students write questions and sentences using the new verbs and vocabulary. Even though it is early in the learning process, try to keep the conversation part of the class in Spanish as much as possible.
Student 1: ¿Dónde canta Ud?
Student 2: Canto en el teatro.
Student 3: Canto en el teatro también, pero María canta en el carro.
Talking and listening develops confidence in the students. Encourage the students to speak even if they are unsure of the answers or of themselves. There is no one right answer. Continue to irregular verbs when you want. Build the base, step by step, chapter by chapter. Teach as quickly or as slowly as the class needs.

Reading and writing are easier skills to master than understanding and speaking. In this endeavor, during the conversational part of the class, encourage students to understand the questions that they hear without writing them down. Their job is to figure it out in their minds, just as they will have to do outside the classroom.

As the students become more confident and their skills develop, some conversations can be based on themes and the homework assignments can include selected readings and the writing of short stories. They will enjoy sharing their thoughts and ideas in Spanish.

Conversation, grammar, and the role of the teacher

Although this is a student centered approach, the teacher is in control of the conversation, making sure everyone understands the questions and sentences.

In the classroom

The objective is to teach good, clear Spanish, based on correct structure. This is a deductive approach in which grammatical rules are made explicit through the teacher's instruction and then the students continue with the practice of these rules.

Correct pronunciation. Make sure that the sounds are clear and precise. It is important for students to be able to understand each other in class as well as outside of class.

Class structure: approximately 50% grammar and 50% conversation. Learning and understanding fundamental grammar is of utmost importance for it is this knowledge that will permit and encourage students to write down and understand original and creative ideas. The timing is flexible: sometimes you might need extra time for grammatical explanations; some classes might be devoted entirely to conversation and review.

ACKNOWLEDGMENTS

I am indebted to a number of people whose support, suggestions and insight made this book possible. First, I would like to thank Nestor Rodriguez for his invaluable constructive criticism, editing and design work, technical assistance, and for his ideas and patience in guiding the manuscript to its present form. I would like to thank Elsa Griffith, Alonia King, Janet Odums, and Lois Shearer for their comments and interest in this book. In addition, I would also like to thank Antonio Zea, profesor de la Escuela Acacias in Málaga, Spain.

I would also like to thank all my students from District Council– 37 in New York City. This book is a result of many years of teaching grammar and conversation. It was written for them and could not have been written without them.

Guide to pronunciation

Spanish spelling is an exact reflection of the pronunciation of the language. The pronunciation of each letter is subject to precise and consistent rules and words are pronounced by adding together the sounds of each individual letter.

VOWELS

The sounds of the vowels are clear and short. Pronounce the examples.

a	as the *a* in the musical note *fa*, or the *a* in *father*.	la casa, la tapa, Panamá, Canadá
e	has two sounds: as the *e* in *set*;	pero, es, hotel
	as the *e* in *café* when the Spanish *e* is the final sound of the word.	elefante, come, vive, verde, que
i	has the sound of *i* in *machine*.	sí, cine, comida
o	has two sounds: as the *o* in *hope*;	oso, otro, hospital
	as the *o* in *for* if the Spanish *o* is followed by the letter *r*.	doctor, profesor
u	has the sound of *u* in *rule*:	uno, tú, puro
	the *u* of *gue* and *gui* is silent; when it is pronounced, it is written as *ü*.	agüero, güira
y	has the same sound as the Spanish ***i.***	y, soy, hay

CONSONANTS

b and **v**	have the same sound: *b* as in *boat* when they occur at the beginning of a breath group, or following *l*, *m*, or *n*.	baño, burro, embargo, alba, el vino, el voto, invierno, vamos

	In all other cases, the *b* and *v* are softer, the sound produced through slightly opened lips. In Spanish, the *b* and *v* have the same sound. The sound of *v* in English does not exist in Spanish.	Cuba, la boca, Havana, la vaca
c	before *e* or *i* has the sound of *s;*	centavo, cita, cinco
	before *a, o, u* , or any consonant, it sounds like *c* as in *cat*.	camisa, color, concreto
ch	as in *chum*.	chocolate, chorizo
d	has two sounds: *d* as in *dog* when it occurs at the beginning of a breath group or following *l* or *n*.	donde, falda, conde
	In all other cases, *d* has the sound of *th* as in *other*.	boda, poder, verdad, nada, cada, estudio
f	is the same as in English.	futuro, fila, oficina
g	before an *e* or *i* has the sound of *h* as in *hat;*	genio, generoso, gitano
	before an *a, o, u,* or any consonant, it has the sound of *g* as in *game*.	gato, gusto, grande
h	is silent.	hombre, hasta, hablar
j	as in the English *h;* it can also be given a slightly guttural sound.	Juan, ojo, mujer
k	is the same as in English.	kayak, kilómetro, kiwi
l	like the English *l,* but with the tip of the tongue touching the roof of the mouth.	el, hotel, mil, palo
ll	as the *y* in *beyond;* in some countries, it has the sound of *s* as in *pleasure*.	caballo, bello, llave
m	is the same as in English.	menos, cama, marrón

n	is the same as in English.	nota, nación, nariz
ñ	is pronounced like the *ny* in *canyon* or the *ni* in *onion*.	mañana, España, señor
p	like the English *p,* but not explosive; without the puff of air in the English sound.	papel, persona, pobre
q	is found only in the combination of *que* and *qui* and has the sound of *k*.	Quito, queso, equipo
r	is a single tongue flap; it is pronounced like the *dd* in the word *ladder*.	caro, barato, para, hablar
rr	a trill or tongue roll; there is no equivalent sound in English.	perro, horrible, carro
	The *r* at the beginning of a word, and after *l, n,* or *s,* is also trilled.	rosa, el río, Enrique, las rosas
s	is the same as in English.	sopa, sala, blusa
t	like the English *t,* but not explosive; with the tip of the tongue against the back of the upper front teeth.	torta, talento, tesoro
v	there is no *v* sound in Spanish. Review **b**.	
x	the same as in English.	experto, examen
y	is the same as the Spanish *ll;* like the *y* in *beyond* or, in some countries, like the *s* in *pleasure*.	papaya, papagayo, ayer
z	has the sound of *s*.	azul, brazo, luz

The letter **w** exists in Spanish only in words of foreign origin and is not considered part of the Spanish alphabet.

STRESS, WRITTEN ACCENTUATION, AND SPELLING

Natural stress

- Words that end in a vowel (*a, e, i, o, u*), or the consonants *n*, or *s*, have their natural stress on the next to last syllable.

    cucaracha, mañana, triste, hablo, tomates, volumen, examen

- Words that end in any consonant other than *n* or *s* have their natural stress on the final syllable.

    salud, amistad, papel, vegetal, azul, mujer, cantar, doctor, nariz

Written accents

- When a word does not follow one of these two rules, it will have a written accent on the syllable that is stressed.

    teléfono, lámpara, música, café, canción, lección, difícil, fácil

- If a one syllable word has a written accent, it means that there is another word in the language that has the same spelling, but another meaning.

el	*the*	él	*he*
si	*if*	sí	*yes*
tu	*your*	tú	*you*
se	oneself	sé	*I know*

- If a two syllable word has a written accent that does not affect the pronunciation, it means that there is another word that has the same spelling, but a different meaning.

este	*this*	éste	*this one*
ese	*that*	ése	*that one*

- Interrogative words have an accent mark which does not affect pronunciation.

¿qué?	*what?*	¿cómo?	*how?*
¿quién?	*who?*	¿por qué?	*why?*
¿dónde?	*where?*	¿cuál?	*which?*

Spelling changes

z>c:

- Nouns and adjectives that end in **z** change to **c** to form the plural.

el lápiz	los lápices
la nariz	las narices
feliz	felices

- **z** followed by **a** or **o** changes to **c** before an **e** or **i.** The sound of **z** and **c** are the same.

empiezo	empiece
comienza	comience

- All other spelling changes occur in order to maintain a required sound.

  Tocar, for example, has a hard **c** sound which must be preserved in other forms of the verb. If you see *toque,* with **qu** replacing the **c,** it is to maintain the *k* sound.

  Llegar, for example, has a hard **g** sound, which must be preserved. If you see *llegue,* with **gu** replacing the **g,** it is to maintain the hard **g** sound.

Castilian Spanish

- There are only a few differences in pronunciation between the Spanish spoken in Latin America and in Spain.

- The **c** that precedes *e* or *i* and **z** have the *th* sound in the English words *thought* and *thing.*

- The **j** and the **g** that precedes *e* and *i have* a slightly more guttural sound.

Tips for pronunciation
While practicing, remember to keep the vowel sounds short and clear.
Always use the Spanish *r* sound. Resist the use of the English *r*.
Implode the sounds of *p* and *t.* Make sure there is no puff of air.
Always pronounce *z* as the letter *s*.
Give the syllables an almost equal emphasis, a sort of staccato sound. Pronounce every syllable clearly and precisely in order to develop an even speech pattern.

THE ALPHABET   El alfabeto o abecedario

A	a
B	be larga / be grande
C	ce
CH	che
D	de
E	e
F	efe
G	ge
H (always silent)	hache
I	i
J	jota
K	ka
L	ele
LL	elle
M	eme
N	ene
Ñ	eñe
O	o
P	pe
Q	cu
R	ere
RR	erre
S	ese
T	te
U	u
V	ve corta
W	doble ve / doble u
X	equis
Y	i griega / ye
Z	zeta

Greetings and Salutations

Hola.	*Hello.*
Buenos días.	*Good morning.*
Buenas tardes.	*Good afternoon.*
Buenas noches.	*Good evening.*
Me llamo Susana.	*My name is Susan.*
¿Cómo se llama usted?	*What's your name?*
Me llamo David.	*My name is David.*
Mucho gusto.	*Pleased to meet you.*
¿Cómo está usted?	*How are you?*
Bien, gracias, ¿y usted?	*Fine, thanks, and you?*
Regular. Más o menos.	*So-so. More or less.*
Hasta luego.	*So long.*
Hasta mañana.	*Until tomorrow.*
Hasta pronto.	*See you soon.*
Adiós.	*Good-bye.*

PART I

Elements of a Sentence

CHAPTER 1

NOUNS, ARTICLES, and ADJECTIVES

The gender of nouns and the definite article

A noun is a person, place, or thing.

- In Spanish, all nouns are either **masculine** or **feminine.**

- In Spanish, the definite article (English *the*) agrees with the noun in gender (masculine/feminine) and number (singular/plural): **el, la, los, las.**

SINGULAR NOUNS

- **Masculine:** the singular masculine noun takes the definite article **el.**

Most nouns which end in **–o** are masculine. Pronounce these words aloud.

el amigo	*the friend*
el banco	*the bank*
el baño	*the bathroom*
el carro	*the car*
el gato	*the cat*
el hermano	*the brother*
el libro	*the book*
el muchacho	*the boy*
el niño	*the little boy, the child*
el perro	*the dog*
el teléfono	*the telephone*
el vino	*the wine*

Many masculine nouns do not end in **–o**; therefore, it is necessary to learn each noun with its article.

el animal	*the animal*
el café	*the coffee*
el doctor	*the doctor*
el hombre	*the man*
el hospital	*the hospital*
el hotel	*the hotel*
el tomate	*the tomato*
el tren	*the train*

Some masculine nouns end in −a or −ma.

el día	*the day*
el clima	*the climate*
el drama	*the drama*
el idioma	*the language*
el mapa	*the map*
el planeta	*the planet*
el poema	*the poem*
el problema	*the problem*
el programa	*the program*
el sistema	*the system*

- **Feminine:** the singular feminine noun takes the definite article **la.**

Most nouns that end in −**a** are feminine.

la amiga	*the friend*
la blusa	*the blouse*
la bolsa	*the bag*
la cama	*the bed*
la casa	*the house*
la cerveza	*the beer*
la comida	*the meal*
la hermana	*the sister*
la iglesia	*the church*
la lámpara	*the lamp*
la mesa	*the table*
la muchacha	*the girl*
la niña	*the little girl*
la persona	*the person*
la planta	*the plant*
la silla	*the chair*
la tienda	*the store*
la ventana	*the window*

Nouns that end in −**ción, −sión, −dad, −tad, −tud** are feminine.

la canción	*the song*
la conversación	*the conversation*
la invitación	*the invitation*
la lección	*the lesson*
la ilusión	*the illusion*
la televisión	*the television*

la amistad	the friendship
la ciudad	the city
la verdad	the truth
la actitud	the attitude

A few nouns that end in **–o** are feminine.

la mano	the hand
la foto	the photograph
la radio	the radio

Many feminine nouns do not follow these rules. It is always better to learn each noun with its article.

la clase	the class
la flor	the flower
la luz	the light
la piel	the skin
la mujer	the woman
la suerte	the luck

☐ EXERCISE 1

Write the feminine or masculine form of the definite article for each of the following nouns. As you write the answer, make sure you know the meaning of the word.

1. _El_ amigo

2. _El_ hombre

3. _la_ casa

4. _la_ luz

5. _El_ hotel

6. _El_ hermano

7. _la_ ciudad

8. _El_ carro

9. _El_ tomate

10. _la_ cerveza

11. _la_ persona

12. _la_ canción

13. _El_ teléfono

14. _El_ muchacho

15. _El_ hombre

16. _la_ mujer

17. _El_ baño

18. _El_ vino

19. _la_ comida

20. _la_ conversación

If a noun ends in **–ista**, it is masculine or feminine depending on the article.

el artista	*the (male) artist*
la artista	*the (female) artist*
el dentista	*the (male) dentist*
la dentista	*the (female) dentist*
el pianista	*the (male) pianist*
la pianista	*the (female) pianist*
el taxista	*the (male) cabdriver*
la taxista	*the (female) cabdriver*

If a noun ends in **–nte**, it is masculine or feminine depending on the article.

el cantante	*the (male) singer*
la cantante	*the (female) singer*
el estudiante	*the (male) student*
la estudiante	*the (female) student*
el gerente	*the (male) manager*
la gerente	*the (female) manager*
el presidente	*the (male) president*
la presidente	*the (female) president*

PLURAL NOUNS

Masculine: the plural masculine noun takes the definite article **los.**

In the masculine plural form, the definite article **el** changes to **los,** and the noun, if it ends in a vowel, adds **–s.**

singular	*plural*
el libro	los libros
el muchacho	los muchachos
el perro	los perros
el día	los días
el hermano	los hermanos
el problema	los problemas

If the noun ends in a consonant, **el** changes to **los** and **–es** is added to the noun.

el animal	los animales
el doctor	los doctores
el hospital	los hospitales
el hotel	los hoteles
el tren	los trenes

- **Feminine:** the plural feminine noun takes the definite article **las.**

In the feminine plural form, the definite article **la** changes to **las** and the noun, if it ends in a vowel, adds **–s.**

la bolsa	las bolsas
la ventana	las ventanas
la tienda	las tiendas
la lámpara	las lámparas
la persona	las personas
la niña	las niñas

If the noun ends in a consonant, **la** becomes **las** and **–es** is added to the noun.

la canción	las canciones
la ciudad	las ciudades
la flor	las flores
la lección	las lecciones
la invitación	las invitaciones
la mujer	las mujeres

☐ EXERCISE 2

Write the plural of the following singular nouns.

1. el hotel   *los hoteles*

2. la amistad _____

3. el teléfono _____

4. el tren _____

5. la ventana _____

6. el doctor _____

7. la ciudad _____

8. la bolsa _____

9. la mesa _____

10. el idioma _____

11. la planta	_____	16. la lección	_____
12. la flor	_____	17. el taxista	_____
13. el perro	_____	18. la lámpara	_____
14. la ilusión	_____	19. la silla	_____
15. la clase	_____	20. la luz	_____

The indefinite article

The Spanish singular indefinite article (English *a, an*) is **un** before a masculine noun, and **una** before a feminine noun. Remember to pronounce everything aloud. By learning these nouns, you are building your vocabulary.

Masculine:

un amigo	*a friend*
un baño	*a bathroom*
un carro	*a car*
un espejo	*a mirror*
un gato	*a cat*
un jardín	*a garden*
un pianista	*a pianist*
un museo	*a museum*
un sillón	*an armchair*
un tiquete	*a ticket*

Feminine:

una amiga	*a friend (female)*
una biblioteca	*a library*
una ciudad	*a city*
una idea	*an idea*
una librería	*a bookstore*
una maleta	*a suitcase*
una mujer	*a woman*
una página	*a page*
una persona	*a person*
una pluma	*a pen*

The plural indefinite article is **unos** before a masculine plural noun and **unas** before a feminine plural noun. The English meaning is *some*.

Masculine:

unos libros	*some books*
unos gatos	*some cats*
unos idiomas	*some languages*
unos barcos	*some boats*

Feminine:

unas conversaciones	*some conversations*
unas flores	*some flowers*
unas artistas	*some (female) artists*
unas casas	*some houses*

☐ EXERCISE 3
Translate into English and practice pronunciation.

1. el libro _____

2. la página _____

3. la casa _____

4. las flores _____

5. el baño _____

6. el vino _____

7. el muchacho _____

8. el hermano _____

9. la biblioteca _____

10. el café _____

11. el tren _____

12. el planeta _____

13. el dentista _____

14. el jardín _____

15. la flor _____

16. la cerveza _____

17. la planta _____

18. la amistad _____

19. la verdad _____

20. la suerte _____

21. la gerente _____

22. la tienda _____

23. la ventana _____

24. un museo _____

25. un espejo _____

26. una librería _____

27. una pluma _____

28. una lección _____

29. una idea _____

30. una maleta _____

31. el sillón _____

32. los amigos _____

Adjectives

An adjective is a word that describes a noun.

- The Spanish adjective agrees in gender and number with the noun it modifies.

- In Spanish, the adjective almost always follows the noun it describes.

SINGULAR FORM OF ADJECTIVES

Adjectives that end in −o.

These adjectives are the **masculine form** and agree with the masculine noun. As you pronounce the following examples aloud, note that the **adjective follows the noun** it describes.

el libro blanco	*the white book*
el gato negro	*the black cat*
el carro rojo	*the red car*
el muchacho simpático	*the nice boy*
el hombre hermoso	*the handsome man*

Adjectives that end in −o change to −a when describing a feminine noun.

la casa blanca	*the white house*
la chaqueta negra	*the black jacket*
la lámpara roja	*the red lamp*
la muchacha simpática	*the nice girl*
la mujer hermosa	*the beautiful woman*

Adjectives that do not end in −o do not change. It doesn't matter which letter ends the adjective, as long as it is not −o. These adjectives have the same form for describing both masculine and feminine nouns.

masculine	*feminine*
el libro excelente	la comida excelente
el perro horrible	la cucaracha horrible
el poema difícil	la lección difícil
el barco azul	la pluma azul
el baño verde	la cama verde
el tren gris	la mesa gris
el tema interesante	la idea interesante
el hombre fuerte	la mujer fuerte

ADJECTIVES

Los colores	*the colors*
amarillo	*yellow*
anaranjado	*orange*
azul	*blue*
blanco	*white*
gris	*gray*
marrón, pardo	*brown*
morado	*purple*
moreno	*brown-skinned*
negro	*black*
rojo	*red*
rosado	*pink*
verde	*green*

agradable	*agreeable, pleasant*	grande	*big*
alegre	*happy*	guapo	*handsome, beautiful*
barato	*inexpensive*	hermoso	*beautiful*
caro	*expensive*	horrible	*horrible*
débil	*weak*	inteligente	*intelligent*
delgado	*slender*	interesante	*interesting*
difícil	*difficult*	joven	*young*
estupendo	*great, terrific*	maravilloso	*marvelous, wonderful*
excelente	*excellent*	pequeño	*little, small*
fácil	*easy*	pobre	*poor*
fantástico	*fantastic*	rico	*rich*
feo	*ugly*	simpático	*nice*
feliz	*happy*	sincero	*sincere*
flaco	*thin*	tacaño	*stingy*
frágil	fragile	típico	*typical*
fuerte	*strong*	triste	*sad*
gordo	*fat*	viejo	*old*

☐ EXERCISE 4

Fill in the correct Spanish adjective.

1. el hombre _____ (old)

2. la situación _____ (difficult)

3. el idioma _____ (marvelous)

4. la persona _____ (nice)

5. la flor _____ (yellow)

6. el jardín _____ (beautiful)

7. la muchacha _____ (slender)

8. el vino _____ (white)

9. el apartamento _____ (expensive)

10. el carro _____ (inexpensive)

11. el hotel _____ (small)

12. el clima _____ (fantastic)

13. la hermana _____ (intelligent)

14. el libro _____ (interesting)

15. la ciudad _____ (big)

16. el hombre _____ (rich)

17. el dentista _____ (young)

18. la bolsa _____ (red)

19. la ventana _____ (blue)

20. la planta _____ (green)

PLURAL FORM OF ADJECTIVES

The plural is formed by adding **–s** to the adjective that ends in a vowel.

singular	*plural*
blanco	blancos
rojo	rojos
verde	verdes
excelente	excelentes

The plural is formed by adding **–es** to the adjective that ends in a consonant.

gris	grises
fácil	fáciles
joven	jóvenes
marrón	marrones

Adjectives agree in gender and number with the noun it modifies. Review the singular and plural form as you pronounce the following nouns and the adjectives that describe them.

Masculine:

singular	*plural*
el libro blanco	los libros blancos
el tomate rojo	los tomates rojos
el hombre hermoso	los hombres hermosos
el baño verde	los baños verdes
el barco marrón	los barcos marrones
el tren gris	los trenes grises
el tiquete caro	los tiquetes caros

Feminine:

la casa blanca	las casas blancas
la persona simpática	las personas simpáticas
la mujer hermosa	las mujeres hermosas
la comida excelente	las comidas excelentes
la lección fácil	las lecciones fáciles
la muchacha fuerte	las muchachas fuertes
la tienda vieja	las tiendas viejas

☐ EXERCISE 5
Write the plural form.

1. la lámpara azul _____

2. el amigo fantástico _____

3. el perro gris_____

4. la cerveza negra _____

5. el vino rosado _____

6. la persona fuerte _____

7. el día maravilloso _____

8. la luz verde _____

9. la ciudad pequeña _____

10. el muchacho joven _____

☐ EXERCISE 6
Translate the following into Spanish.

1. the red tomatoes _____

2. the strong men _____

3. the thin women _____

4. the yellow blouses _____

5. the interesting songs _____

6. the green planets _____

7. the blue windows _____

8. the old hotels _____

CHAPTER 2

ESTAR, SER, and SUBJECT PRONOUNS

Subject pronouns

singular	*plural*
yo *I*	**nosotros** *we*
tú *you* *The familiar singular form; it is used with friends and family; its usage varies from country to country.*	**vosotros** *you* *The familiar plural form; it is used only in Spain.*
él *he*	**ellos** *they* *Refers to a group of males, or males and females.*
ella *she*	**ellas** *they* *Refers to females only.*
usted *you* *More formal than tú, it is used when meeting people for the first time, in business situations, and with a person you might not know well. Its abbreviation is **Ud**.*	**ustedes** *you* *The formal, plural form used to address more than one person. Latin Americans use **ustedes** for the plural of both **tú** and **Ud**. since **vosotros** is used only in Spain. Its abbreviation is **Uds**.*

*There is no subject pronoun <u>it</u> in Spanish. **Él** and **ella** refer to people and sometimes to animals, but not to things.*

Estar -- *to be*

Spanish has two verbs that are the equivalent to the English *to be*. Begin with the conjugations of **estar**.

yo estoy	*I am*	nosotros estamos	*we are*
tú estás	*you are*	vosotros estáis	*you are*
él está	*he is*	ellos están	*they are*
ella está	*she is*	ellas están	*they are*
Ud. está	*you are*	Uds. están	*you are*

Practice the conjugations of the verb aloud. Notice that *él, ella, Ud.* (called the third person singular), have the same form of the verb. Notice also that *ellos, ellas, Uds.* (called the third person plural), have the same form of the verb.

Estar is used to express four basic ideas: **location, health, changing mood or condition,** and **personal opinion** in terms of **taste** or **appearance.**

- **Location:** where something or someone is physically located.

Yo estoy en la clase.	*I am in the class.*
Nosotros estamos en el carro.	*We are in the car.*
El restaurante está en la ciudad.	*The restaurant is in the city.*
Ellas están en el baño.	*They are in the bathroom.*
¿Estás tú en el hospital?	*Are you in the hospital?*

The verb, which carries the actions of the phrase, is the essential element of the Spanish sentence or question because of the amount of information it carries.

Verb definitions: the **infinitive** is the unconjugated form of the verb. For example, to be is an infinitive in English. The **conjugations** are the forms of the verb that belong to a particular pronoun or noun subject. I am, he is, are examples of conjugations of the infinitive to be.

- **Health:**

Yo estoy bien, gracias.	*I am fine, thanks.*
Ella está enferma.	*She is sick.*
Los doctores están enfermos.	*The doctors are sick.*
¿Cómo están Uds?	*How are you?*
Estamos bien.*	*We are well.*

- **Changing mood or condition:**

La muchacha está contenta.	*The girl is happy.*
Estoy feliz.*	*I am happy.*
Los hombres están cansados.	*The men are tired.*
Estamos alegres.	*We are happy.*
¿Estás enojado?*	*Are you angry?*

- **A personal opinion** in terms of **taste** or **appearance:**

The equivalent English translation is *taste/tastes* with food and *look/looks* with appearance.

La comida está buena.	*The meal is (tastes) good.*
El pescado está delicioso.	*The fish is (tastes) delicious.*
La sopa está sabrosa.	*The soup is (tastes) delicious.*
Ella está hermosa hoy.	*She is (looks) pretty today.*
Él está guapo.	*He is (looks) handsome.*

A word about the word order
As you begin learning the basic structure of Spanish, you will discover that the word order of English and Spanish is essentially the same throughout Part I.

*In these examples, the pronouns *nosotros* and *yo* have been omitted; this is possible because the verb form *estamos* carries the meaning of *we are; estoy* can only mean *I am.* The same is true of *tú estás,* which means *you are* if *tú* is omitted or not.

INTERROGATIVE WORDS

¿cómo?	*how?*
¿dónde?	*where?*
¿quién?	*who?*

ADVERBS OF LOCATION

aquí, acá	*here*
allí, allá	*there*

ADJECTIVES

alegre	*happy (merry)*
bonito	*pretty*
bueno	*good*
cansado	*tired*
contento	*happy (contented)*
delicioso	*delicious*
enfermo	*sick*
enojado	*angry*
feliz	*happy*
guapo*	*beautiful, handsome*
hermoso	*beautiful, handsome*
lindo	*pretty*
sabroso	*delicious*

*describes people only; *bonito, hermoso, and lindo* are used to describe both people and things.

☐ EXERCISE 1

Complete the following with the correct form of *estar*. Pay attention to the meaning of each sentence. Indicate whether the sentence expresses <u>health</u>, <u>location</u>, or <u>changing mood.</u>

1. Nosotros **estamos** en la clase. La profesora **está** aquí. (***location***)

2. El teléfono y el libro _____ estan _____ en la mesa. (____ location ____)

3. La mujer ___Esta___ bien; el hombre ___Esta___ enfermo. (~~condition~~ health)

4. ¿Cómo ___Esta___ Uds? (mood)

5. ¿Dónde ___Estan___ ellos? (location)

6. ¿Dónde ___Esta___ el baño, por favor? (loc)

7. El niño ___Esta___ enojado y la niña ___Esta___ triste. (Mood)

8. Los muchachos ___Estan___ alegres. (Mood)

9. Yo ___Estoy___ contento. (mood)

10. ¿Quién ___Esta___ aquí? (location)

☐ EXERCISE 2

Translate the following into Spanish.

1. I am in the yellow house. Where are you?

   Estoy en la casa amarilla. Donde esta?

2. The red blouses are in the big store.

   las blusas rojas estan en la tienda grande

3. The white flower is in the window.

   la Flora blanca esta en la ventana

4. We are in the train.

   Estamos en el tren

5. How are you? I am fine, thanks.

   Como Estas? estoy bien, gracias

6. We are tired, but we are happy.

   Estamos cansados pero estamos contentos

Ser -- *to be*

Ser is also the equivalent to the English *to be.*

In English, there is only one verb that means *to be.* We say, for example:
  The dog <u>is</u> here. The dog <u>is</u> brown.

The verb is the same in both cases. But in Spanish, there is a difference, and you have to choose which verb to use. So, in Spanish, it truly matters what the meaning of 'is' is.

yo soy	*I am*	nosotros somos	*we are*
tú eres	*you are*	vosotros sois	*you are*
él es	*he is*	ellos son	*they are*
ella es	*she is*	ellas son	*they are*
Ud. es	*you are*	Uds. son	*you are*

Ser is used to express seven basic ideas: **description, profession, point of origin, identification, possession, material,** and **where an event takes place.**

- **Description:**

La casa es roja.	*The house is red.*
El libro es azul.	*The book is blue.*
Los carros son viejos.	*The cars are old.*
Somos simpáticos.	*We are nice.*
¿Es la flor amarilla?	*Is the flower yellow?*

- **Profession:**

Yo soy estudiante.	*I am a student.*
Él es arquitecto.	*He is an architect.*
Ellas son maestras excelentes.	*They are excellent teachers*
Somos doctores.	*We are doctors.*

Roberto es abogado.	*Robert is a lawyer.*
¿Eres tú ingeniero?	*Are you an engineer?*

- **Point of origin:** where someone or something is from.

   de* means *from*

¿De dónde es Ud?	*Where are you from?**
¿De dónde son Uds?	*Where are you from?*
Yo soy de Nueva York.	*I am from New York.*
¿De dónde es ella?	*Where is she from?*
Somos de Italia.	*We are from Italy.*
Ellos son de los Estados Unidos.	*They are from the United States.*
El vino es de Portugal.	*The wine is from Portugal.*
La cerveza es de México.	*The beer is from Mexico.*
El café es de Brazil.	*The coffee is from Brazil.*

- **Identification:** relationship, nationality, race, or religion.

Somos amigos.	*We are friends.*
José y Eduardo son hermanos.	*Joe and Ed are brothers.*
Pablo es español.	*Paul is Spanish.*
Ella es católica.	*She is Catholic.*
¿Eres tú cubano?	*Are you Cuban?*

---

*In English, common usage often finds a sentence ending in a preposition. For example, where are you <u>from?</u> This **never** occurs in Spanish; the preposition cannot ever end a sentence, so the preposition, in this case *de,* is placed in front of the interrogative word, *dónde.*

- **Material:** of which something is made.

    de means *of*

La mesa es de madera.	*The table is of wood.*
La bolsa es de plástico.	*The bag is of plastic.*
Los zapatos son de cuero.	*The shoes are of leather.*
Las ventanas son de vidrio.	*The windows are of glass.*
La casa es de piedra.	*The house is of stone.*

- **Possession or ownership:**

    de means *of*

La muñeca es de la niña.	*The doll is of the child.* (*It's the child's doll.*)
Los amigos son de Maria.	*The friends are of Maria.* (*They are Maria's friends.*)
La idea es de Pedro.	*The idea is Pedro's* (*idea.*)
El barco es **del*** hombre rico.	*The boat is* (*belongs*) *of the rich man.*
Los perros son del muchacho.	*The dogs are* (*belong*) *of the boy.*
Los gatos son del niño.	*The cats belong to the child.*
El carro es de los amigos.	*The car belongs to the friends.*

---

*The contraction: **de** + **el** (*of* + *the*) = **del.** There are only two contractions in the Spanish language; **del** is one of them. When **de** is followed by the masculine **el,** meaning *the*, the word contracts to **del,** meaning *of the*.

A word about the possessive translations
You can see that these translations are not exact. There is no apostrophe in Spanish, so when you think of *Peter's car*, for example, the Spanish structure is *el carro de Pedro*. Just make sure you understand this concept and use whichever translation is the clearest for you.

- **Where an event takes place:**

La fiesta es en la casa de José.   *The party is (takes place) in Joe's house.*

El concierto es en el club.   *The concert is (takes place) in the club.*

La protesta es en la capital.   *The protest is (takes place) in the capital.*

The equivalent English translation is *take/takes place*. *The party takes place at Joe's house. The concert takes place at the club. The protest takes place in the capital.*

☐ EXERCISE 3

Complete the following with the correct form of *ser*. Indicate whether the sentence expresses <u>description</u>, <u>profession</u>, <u>point of origin</u>, <u>identification</u>, <u>possession</u>, or <u>material</u>.

1. El hombre **es** guapo. La mujer **es** guapa también. (**description**)

2. Ellos ___SON___ doctores. Ella ___ES___ profesora. (PROFESSION)

3. ¿De dónde ___SON___ los turistas? (POO)

4. Los hermanos de Pablo ___SON___ simpáticos. (description)

5. El hotel viejo ___ES___ excelente. (des)

6. Nosotros ___SOMOS___ amigos de Raúl. (Id)

7. Los zapatos ___SON___ de cuero. (des)

8. La mujer y el hombre ___SON___ de Ecuador. (PO)

9. Yo ___soy___ de Puerto Rico. ¿De dónde ___ES___ Ud? (PO)

10. El apartamento ___ES___ de los estudiantes jóvenes. (pos)

11. ¿ ___ERES___ tú una estudiante maravillosa? (des)

12. Los tomates ___SON___ verdes y rojos. ( )

13. El café ___ES___ de Colombia. ( )

14. ¿Quién ___ES___ el presidente de los Estados Unidos? ( )

☐ EXERCISE 4

Fill in the appropriate form of *ser*.

1. Helena ___ES___ de Colombia.

2. El hermano de ella ___ES___ católico.

3. Ellos ___Son___ profesores excelentes.

4. Los carros ___Son___ grises.

5. Nosotros ___Somos___ estudiantes.

Fill in the appropriate form of *estar*.

1. San Francisco ___Esta___ en California.

2. ¿Cómo está Ud? Yo ___Estoy___ bien.

3. El profesor ___Esta___ enfermo.

4. Nosotros ___Estamos___ en la clase.

5. ¿___Estas___ tú triste?

6. Los perros ___están___ en el carro.

Fill in the appropriate form of either *ser* or *estar*. Indicate the reason for your choice.

1. Yo **soy** español. (*identification*)

2. Ellos **están** aquí. (*location*)

3. José y Juan ___Estan___ enfermos.

4. Tú ___Eres___ abogado.

5. La lección ___Es___ fácil.

6. Los estudiantes ___Estan___ en la ciudad.

7. ¿Cómo ___ESTAN___ Uds? Nosotros ___ESTAMOS___ bien, gracias.

8. Ellas ___SON___ inteligentes.

9. ¿Dónde ___ESTA___ los doctores?

10. El profesor ___ESTA___ contento.

11. Los espejos en el baño ___SON___ grandes.

12. La mesa, las sillas blancas y la lámpara ___ESTAN___ en la casa, pero la casa ___ES___ pequeña.

13. La amiga de Sara ___ESTA___ enferma y Sara ___ESTA___ triste.

14. Las puertas de la casa ___SON___ fuertes.

15. Los tomates ___ESTAN___ en la tienda. Los tomates verdes ___SON___ de California; los tomates rojos ___SON___ de Guatemala.

16. ¿De dónde ___ES___ el vino blanco?

17. Los muchachos y las muchachas ___ESTAN___ en el tren. Ellos ___ESTAN___ contentos porque ___SON___ amigos.

18. ¿Quién ___ESTA___ en el baño?

19. ¿Dónde ___ESTA___ la familia de Fernando?

20. Nosotros ___ESTAMOS___ contentos porque nosotros ___SOMOS___ estudiantes excelentes.

21. ¿___ES___ Ud. de Suramérica? Ellos ___SON___ de España.

22. Julia ___ESTA___ alegre porque la fiesta ___ES___ fantástica.

☐ EXERCISE 5 — ORAL

Answer the following questions aloud using a form of *ser* or *estar*.

1. ¿Cómo estás?

2. ¿Dónde está la hermana de Teresa?

3. ¿De dónde es Ud?

4. ¿Quién está en el carro caro?

5. ¿Dónde es el concierto?

6. ¿Está Ud. alegre?

7. ¿Es fácil la lección?

8. ¿Dónde están las flores hermosas? ¿De dónde son?

9. ¿Es grande el apartamento de Tomás?

10. ¿Estás cansado?

11. ¿Están los periódicos en la casa de Alicia?

12. ¿Dónde está el restaurante barato de la ciudad?

13. ¿Es Ud. de Europa?

14. ¿Eres estudiante o profesor?

☐ EXERCISE 6

Complete the following letter with the appropriate conjugations of *ser* or *estar*.

Queridos amigos,

¿Cómo __estan__ Uds? Yo __estoy__ aquí en Madrid. La ciudad __es__

hermosa. El museo del Prado __esta__ en el centro de la ciudad y

__es__ muy interesante. La gente __es__ simpática y la comida

__es__ deliciosa. Hasta luego.

LA CASA

Mi casa es vieja y grande, con muchas ventanas. Las cortinas en toda la casa son gruesas. Las paredes del interior de la casa son blancas; el exterior es gris. El patio es bonito, con flores todavía. Un espejo antiguo y una mesa de madera fina están en el vestíbulo. El comedor es sencillo, con una mesa y seis sillas; la alfombra es roja y azul marino. La cocina es amplia, con paredes amarillas y gabinetes blancos. La nevera es bastante grande, y la estufa y el horno están limpios. Dos sillones cómodos y un piano están en la sala. Mi alcoba con un baño privado es azul y blanco. Mis libros, mis cuadernos, mis lápices y bolígrafos, mi colección de discos compactos, y mis videos están en el estudio. Hoy es un día hermoso.

Nombres *nouns*

la alcoba	*the bedroom*	el gabinete	*the cabinet*
la alfombra	*the rug*	el horno	*the oven*
el bolígrafo	*the ball point pen*	el lápiz	*the pencil*
la cocina	*the kitchen*	la madera	*the wood*
la colección	*the collection*	la nevera	*the refrigerator*
el comedor	*the dining room*	la pared	*the wall*
la cortina	*the curtain*	el patio	*the yard*
el cuaderno	*the notebook*	la sala	*the living room*
el espejo	*the mirror*	el sillón	*the easy chair*
el estudio	*the study*	el vestíbulo	*the entranceway*
la estufa	*the stove*	el video	*the video*

Adjetivos   *adjectives*

amplio	*ample*
antiguo	*old*
azul marino	*navy blue*
cómodo	*comfortable*
fino	*fine, delicate*
grueso	*thick*
limpio	*clean*
mi, mis	*my (singular, plural)*
privado	*private*
sencillo	*simple*
todo	*all*

Adverbios   *adverbs*

basatante	*enough*
todavía	*still*

Preguntas   *questions*

After you have read the story, answer the following in Spanish.

1. ¿Es nueva la casa?

2. ¿Es bonito el día?

3. ¿Es grande la cocina?

4. ¿Dónde está el piano?

CHAPTER 3

HAY, INTERROGATIVE WORDS, DAYS, MONTHS

Hay

The single word **hay** (pronounced like 'eye' in English) means *there is, there are, is there? are there?* Notice in all these examples that the inclusion or omission of articles in English and Spanish is the same.

Hay una alfombra en la casa.	*There is a rug in the house.*
Hay un árbol en el jardín.	*There is a tree in the garden.*
Hay dos vasos en la mesa.	*There are two glasses on the table.*
Hay tres libros en el piso.	*There are three books on the floor.*

- To form a question with **hay,** the word order remains the same. The written language carries a question mark at the beginning and end of a question as all interrogative sentences do. Orally, simply pronounce the questions with a rising inflection in your voice.

¿Hay una lámpara azul en la casa?	*Is there a blue lamp in the house?*
¿Hay un libro en el baño?	*Is there a book in the bathroom?*
¿Hay un hotel en la ciudad?	*Is there a hotel in the city?*
¿Hay una mesa marrón en el cuarto?	*Is there a brown table in the room?*

- When the objects are plural, the article is omitted in both languages.

¿Hay periódicos en esta tienda?	*Are there newspapers in this store?*
¿Hay estrellas en el cielo?	*Are there stars in the sky?*
¿Hay tomates rojos en este mercado?	*Are there red tomatoes in this market?*

The definite articles: *el, la, los, las* cannot follow **hay.**

- To make a sentence negative, place **no** before **hay.**

No hay luz en el baño.   *There is no light in the bathroom.*

No hay teléfonos aquí.   *There are no telephones here.*

No hay revistas en el hotel.   *There are no magazines in the hotel.*

□ EXERCISE 1
Translate the following from Spanish to English.

1. ¿Hay una lección fácil en el libro?

2. No hay cucarachas en el restaurante.

3. ¿Hay blusas rojas en la tienda?

4. Hay flores en el balcón del apartamento.

5. ¿Hay clase hoy?

6. ¿Hay más preguntas de los estudiantes?

Translate the following from English to Spanish.

1. There are many pens on the teacher's desk.

2. Is there a doctor in the hospital?

3. There are two women in the class.

4. There is no beer in Lisa's house.

All interrogative words carry written accents; the accents marks do not affect the pronunciation of the word.

¿Cómo?	*How?*
¿Cómo estás tú?	*How are you?*
¿Cómo están los muchachos?	*How are the boys?*
¿Dónde?	*Where?*
¿Dónde está la casa del alcalde?	*Where is the mayor's house?*
¿Dónde estamos?	*Where are we?*
¿Quién? (singular) **¿Quiénes?** (plural)	*Who?*
¿Quién está aquí?	*Who is here?*
¿Quién es la persona con José?	*Who is the person with Joe?*
¿Quiénes están en el carro?	*Who are in the car?*
¿Quiénes son ellos?	*Who are they?*
¿Qué?	*What?*
¿Qué día es hoy?	*What day is today?*
¿Qué libro está en la mesa?	*What book is on the table?*
¿Qué hay en el menú?	*What is there on the menu?*

¿Qué? before **ser** asks for a definition.

¿Qué es comunicación?	*What is communication?*
¿Qué es esto?	*What is this?*
¿Qué es filosofía?	*What is philosophy?*
¿Cuál? (singular) **¿Cuáles?** (plural)	*Which, which one? Which ones?*
¿Cuál es la capital de Perú?	*Which is the capital of Peru?*
¿Cuál es el problema?	*Which is the problem?*
¿Cuál es el nombre de la niña?	*Which is the girl's name?*
¿Cuáles son los días de la semana?	*Which are the days of the week.*

¿Cuál? is usually used before **ser** and indicates a selection or choice of possibilities.

¿Por qué?	*Why?*
¿Por qué estamos alegres?	*Why are we happy?*
¿Por qué es azul el cielo?	*Why is the sky blue?*
¿Cuánto?	*How much?*
¿Cuánto es?	*How much is it?*
¿Cuánto cuesta?	*How much does it cost?*
¿Cuánto vale?	*How much is it worth?*
¿Cuántos? ¿Cuántas?	*How many?*

Cuánto is an adjective and must agree with the noun that it describes.

¿Cuántos gatos hay en la ciudad?	*How many cats are there in the city?*
¿Cuántas estrellas hay en el cielo?	*How many stars are there in the sky?*
¿Cuándo?	*When?*
¿Cuándo es la fiesta?	*When is the party?*
¿Cuándo es el concierto?	*When is the concert?*

☐ EXERCISE 2

Complete the following with the appropriate interrogative word. As you do this exercise, review *ser, estar,* and *hay.*

1. ¿_____Cual_____ es la bolsa de María, la bolsa roja o la bolsa azul?

2. ¿_____QUE_____ día es hoy?

3. ¿_____Donde_____ están los estudiantes?

4. ¿_____Por que_____ hay muchas personas en el parque hoy?

5. ¿_____QUIEN_____ es la mujer con el perro marrón?

6. ¿_____porque_____ no hay espejos en el baño de los hombres?

7. ¿_____CUANTOS_____ libros hay en la librería?

8. ¿_____COMO_____ están Uds?

Prepositions

You have already learned three of the most common prepositions in Spanish:

en   *in, on*

de   *of, from*

con   *with*

You can combine these prepositions with an interrogative word to further your ability to ask questions.

¿En qué tienda hay muchos libros?	*In what store are there many books?*
¿En cuál parque hay animales exóticos?	*In which park are there exotic animals?*
¿De dónde es el hombre?	*Where is the man from?*
¿De qué color es la mesa?	*(Of) What color is the table?*
¿De quién es la idea fantástica?	*Of whom is the fantastic idea?* *(Whose fantastic idea is it?)*
¿Con quién estás?	*Whom are you with?*

☐ EXERCISE 3

Add the correct preposition to complete the following questions.

1. ¿ _____EN_____ qué ciudad está la estatua de la libertad?

2. ¿_____dE_____ qué color es la casa grande?

3. ¿_____de_____ qué material es la ventana?

4. ¿ _____CON_____ quiénes están Uds?

5. ¿ _____EN_____ cuáles países hay plazas hermosas?

6. ¿ _____dE_____ quién es el carro caro?

Days of the week, months, seasons

In English, we say, for example, *Monday*, or *on Monday*. In Spanish, only the articles **el** and **los** are used to express this idea. The days of the week are not capitalized.

el lunes	*Monday, on Monday*
el martes	*Tuesday, on Tuesday*
el miércoles	*Wednesday, on Wednesday*
el jueves	*Thursday, on Thursday*
el viernes	*Friday, on Friday*
el sábado	*Saturday, on Saturday*
el domingo	*Sunday, on Sunday*

From *el lunes* to *el viernes*, the days of the week end in **–s.** To form the plural of the days of the week, the **el** changes to **los;** an **–s** is added only to *el sábado* and *el domingo*.

los lunes	*Mondays, on Mondays*
los martes	*Tuesdays, on Tuesdays*
los miércoles	*Wednesdays, on Wednesdays*
los jueves	*Thursdays, on Thursdays*
los viernes	*Fridays, on Fridays*
los sábados	*Saturdays, on Saturdays*
los domingos	*Sunday, on Sundays*

Hay clase los lunes.	*There is class on Mondays.*
¿Hay fiestas los sábados?	*Are there parties on Saturdays?*
¿Dónde está Tomás los domingos?	*Where is Thomas on Sundays?*
El jueves es el día de acción de gracias.	*Thursday is Thanksgiving Day.*
El martes es el día del amor y la amistad.	*Tuesday is St. Valentine's Day.*
Estamos en clase los miércoles.	*We are in class on Wednesdays.*
¿Dónde estás los viernes?	*Where are you on Fridays?*

Los meses   The months

Write in the translations.

enero	_January_	julio	_____
febrero	_____	agosto	_____
marzo	_____	septiembre	_____
abril	_____	octubre	_____
mayo	_____	noviembre	_____
junio	_____	diciembre	_____

Las estaciones   The seasons

el verano — _the summer_
el otoño — _the autumn, the fall_
el invierno — _the winter_
la primavera — _the springtime_

Partes del día   Parts of the day

la mañana — _the morning_
la tarde — _the afternoon_
la noche — _the night, the evening_

📖 READING COMPREHENSION   _Un Pueblo Colonial_

Estoy, con unos amigos, en Guanajuato, un pueblo* colonial y antiguo* en el centro de México. Estamos aquí con los padres de Laura. Laura y yo somos estudiantes de español; la madre de ella es arqueóloga* y el padre es político.* Hay una escuela con clases de música, de guitarra, de baile y de historia. Es el verano, el clima es maravilloso y los mexicanos son muy simpáticos. Hay fiestas los viernes y los sábados. Hay muchas clases de lunes a viernes* también y somos estudiantes serios.* La madre de Laura está contenta porque hay unas ruinas de los Olmecas* en el campo. El padre de ella está contento también porque el viaje es tranquilo y relajante.* Estoy feliz en la casa de piedra en las montañas. Hay música en la mañana, una comida en la tarde y conversación durante* el día. Todo está bien.

---

*el pueblo — _town_ *antiguo — _old, ancient_ *la arqueóloga — _archeologist_ *el político — _politician_ * de lunes a viernes — _from Monday through Friday_ *serios — _serious_ *los Olmecas — _an ancient people of Mexico who disappeared around 600 A.D._ *relajante — _relaxing_ *durante — _during_

Nombres

masculino	*masculine*		
el año	*the year*	el lápiz	*the pencil*
el árbol	*the tree*	el mensaje	*the message*
el ascensor	*the elevator*	el mes	*the month*
el avión	*the airplane*	el niño	*the child*
el bolígrafo	*the ball-point pen*	el país	*the country*
el bus	*the bus*	el papel	*the paper*
el campo	*the countryside*	el parque	*the park*
el coche	*the car*	el periódico	*the newspaper*
el cuarto	*the room*	el piso	*the floor*
el cumpleaños	*the birthday*	el precio	*the price*
el día	*the day*	el ruido	*the noise*
el dinero	*the money*	el salón	*the classroom*
el edificio	*the building*	el sitio	*the place*
el equipaje	*the baggage*	el sueño	*the dream*
el hogar	*the home*	el teatro	*the theater*
el jardín	*the garden*	el tema	*the theme*
el lapicero	*the ball-point pen*	el viaje	*the trip*

femenina	*feminine*		
la avenida	*the avenue*	la hoja	*the leaf*
la biblioteca	*the library*	la librería	*the bookstore*
la calle	*the street*	la llave	*the key*
la camisa	*the shirt*	la medicina	*the medicine*
la carta	*the letter*	la música	*the music*
la cocina	*the kitchen*	la obra	*the play*
la cuenta	*the bill*	la página	*the page*
la ciudad	*the city*	la palabra	*the word*
la ducha	*the shower*	la pared	*the wall*
la entrada	*the entrance*	la playa	*the beach*
la escalera	*the stairs*	la pregunta	*the question*
la escuela	*the school*	la puerta	*the door*
la fiesta	*the party*	la salida	*the exit*
la frase	*the sentence*	la salud	*the health*
la gente	*the people*	la semana	*the week*
la guerra	*the war*	la tarea	*the homework*
la habitación	*the room*	la tarjeta	*the postcard*

Adjetivos

alto	*tall*	flojo	*lax*
amable	*kind*	gracioso	*amusing*
amistoso	*friendly*	hondo	*deep*
ancho	*wide*	largo	*long*
bajo	*low, short (in height)*	lento	*slow*
bello	*beautiful*	libre	*free*
cariñoso	*affectionate*	nuevo	*new*
ciego	*blind*	orgulloso	*proud*
corto	*short (in length)*	peligroso	*dangerous*
dulce	*sweet*	pesado	*heavy, dull*
duro	*hard*	rápido	*rapid, fast*
elegante	*elegant*	raro	*strange*
emocionante	*exciting*	sencillo	*simple*
especial	*special*	sordo	*deaf*
estrecho	*narrow*	suave	*soft*
fiel	*faithful*	tranquilo	*tranquil*

Conjunciones *conjunctions*   Words that connect words, phrases, or clauses.

mientras	*while*	o	*or*
pero	*but*	si	*if*
porque	*because*	y	*and*

☐ EXERCISE 4

You have a new vocabulary list of nouns and adjectives. Use this exercise to test how many you recall.

Translate into English.

1. el cuarto bello   _____

2. la persona agradable _____

3. la amistad dulce   _____

4. la obra emocionante   _____

5. el día lindo   _____

6. el edificio bajo   _____

7. el sueño raro   _____

8. la guerra larga   _____

9. la avenida ancha   _____

10. el año nuevo   _____

Translate into Spanish. Make sure the adjective agrees with the noun.

1. the affectionate child   _____

2. the simple homework   _____

3. the dangerous city   _____

4. the short person   _____

5. the short month   _____

6. the beautiful beach   _____

7. the friendly woman   _____

8. the kind man   _____

9. the narrow avenue   _____

10. the proud people   _____

☐ EXERCISE 5 — ORAL

Answer the following with *hay, ser,* or *estar.*

1. ¿Hay hojas en los árboles en el verano?

2. ¿Con quiénes estás tú en la escuela?

3. ¿De qué color es la habitación de Julia?

4. ¿De quién es el jardín?

5. ¿En qué tienda hay tomates?

6. ¿Dónde están las playas bonitas de la ciudad?

7. ¿Hay perros en el campo?

8. ¿Qué hay en el agua?

9. ¿Cuál es la idea del estudiante inteligente?

10. ¿Dónde está Ud?

11. ¿Cuál es bella, la paz o la guerra?

12. ¿Quién está aquí con Ud?

13. ¿Dónde está el baño, por favor?

14. ¿Hay preguntas?

☐ EXERCISE 6

Complete these sentences with *ser, estar,* or *hay.* Be sure to include accent marks when necessary.

1. Sí hoy __*es*__ sábado, ¿por qué __*están*__ enojados los hombres?

2. ¿Cuál _____la escuela de los niños?

3. ¿Quién _____aquí?

4. ¿De qué color _____la puerta?

5. ¿Por qué _____cariñosa la amiga de Laura?

6. ¿_____mucha gente en el hotel hoy?

7. La palabra _____en la frase; la frase _____en la página; la página _____en el libro.

8. ¿_____ edificios altos en Madrid?

9. Las playas y las piscinas _____en el campo. ¿Qué _____ en la ciudad?

10. _____muchos lápices y bolígrafos en la mesa de la mujer. ¿_____ella la profesora de la clase?

11. En el verano, _____plantas verdes y flores hermosas en los parques.

12. Los hombres_____altos. Los niños _____bajos.

13. Nosotros_____estudiantes excelentes porque las lecciones

    no _____difíciles.

14. ¿_____ella flaca porque ella _____enferma?

15. Yo _____en la clase pero el maestro no_____aquí.

16. ¿_____peligrosa la ciudad en la noche?

17. _____luces en las avenidas porque es Navidad.

18. El carro negro _____barato; el coche verde es caro. ¿Cuál _____
    el carro del hombre rico?

19. Si Manuel y Jorge _____estudiantes excelentes, ¿por qué _____
    tristes en la clase?

20. ¿Quiénes _____en la casa los miércoles en la mañana? ¿Dónde
    _____Ud. en la noche?

21. ¿Cuál _____la bolsa de Sara, la bolsa roja o la bolsa gris?

22. El tren gris _____pequeño; los buses _____grandes.

☐ EXERCISE 7
Translate the following into English.

1. ¿Dónde están los estudiantes los domingos?

   _____

2. El sábado y el domingo son días de fiesta.

   _____

3. En la primavera, hay flores bellas en los parques.

   _____

4. En el otoño, hay hojas amarillas y rojas en los árboles.

   _____

5. ¿Qué día es hoy? Hoy es miércoles. ¿Qué mes es? Es septiembre.

_____

6. ¿Cuántos días hay en junio? ¿Cuántos días hay en un año?

_____

7. Las calles de México son estrechas. Las casas son bajas y bonitas.

_____

8. ¿Por qué están los periódicos y las revistas en el piso?

_____

9. Hay clase, pero los estudiantes están en la playa donde hay una piscina también.
   El profesor está enojado pero los estudiantes están alegres.

_____

10. Los edificios de las ciudades grandes son altos.

_____

11. Los niños están en la playa porque es el verano.

_____

12. Mucha gente está en los restaurantes porque es el invierno.

_____

📖 READING COMPREHENSION _El Cine_

Roberto Vélez es director de cine.* Él es de España y las películas* de él son
cómicas.* Rosa Morales es argentina y es directora también. Las películas de ella
son más tristes porque en la Argentina hay mucha pobreza.* Hoy, ellos están
contentos porque están en Cannes, el festival de la Palma de Oro. Hay actores,
directores, jurados,* y gente importante en la ciudad. Roberto y Rosa están
emocionados.* La presentación de los premios* es esta noche. Muchas películas
son interesantes este año, ¿pero cuál es la película favorita de los jurados?

_____

*el cine —_the movies (in general)_ *la película — _the film_ *comica _(f) — funny_ *la pobreza —
poverty   *el jurado — _juror_ *emocionados — _excited_ *los premios — _awards, prizes_

CHAPTER 4

NUMBERS, DATES, TIME

Cardinal numbers

Any number that expresses an amount, such as one, two, three. The Spanish cardinal numbers from 1 – 99 are:

0	cero		
1	uno	16	dieciséis
2	dos	17	diecisiete
3	tres	18	dieciocho
4	cuatro	19	diecinueve
5	cinco	20	veinte
6	seis	21	veintiuno
7	siete	22	veintidós
8	ocho	23	veintitrés
9	nueve	24	veinticuatro
10	diez	25	veinticinco
11	once	26	veintiséis
12	doce	27	veintisiete
13	trece	28	veintiocho
14	catorce	29	veintinueve
15	quince	30	treinta

30	treinta	40	cuarenta
31	treinta y uno		
32	treinta y dos	50	cincuenta
33	treinta y tres		
34	treinta y cuatro	60	sesenta
35	treinta y cinco		
36	treinta y seis	70	setenta
37	treinta y siete		
38	treinta y ocho	80	ochenta
39	treinta y nueve		
		90	noventa

After 15, quince, you are adding numbers; 10 + 6 = 16; diez y seis son dieciséis. Diez y seis merge together to form one word. This continues from 21 – 29; veinte y dos = veintidós. When you get to 30, treinta, because the number ends in **–a**, the number does not combine with the next number; 34 – treinta y cuatro. This is true for the numbers 31 – 99, (treinta y uno – noventa y nueve*)*.

- When a masculine noun follows the numbers 21, 31, 41, 51, 61, 71, 81, 91, the **–o** is dropped from *uno:*

veintiún años	*21 years*
treinta y un libros	*31 books*
cincuenta y un gatos	*51 cats*
sesenta y un hombres	*61 men*
noventa y un amigos	*91 friends*

- When a feminine noun follows, it is *una:*

cuarenta y una mujeres	*41 women*
setenta y una muchachas	*71 girls*
ochenta y una amigas	*81 friends*

The Spanish numbers from 100 are:

cien	*100*

- Cien becomes **ciento** if it is followed by any number less than itself:

ciento uno	*101*
ciento cincuenta	*150*
ciento noventa y nueve	*199*

- Before all nouns, masculine or feminine, it remains **cien**:

cien libros	*100 books*
cien casas	*100 houses*
cien hombres	*100 men*
cien mujeres	*100 women*

- The numbers 200 – 900 agree with the noun they modify.

200 doscientos	doscientos hoteles	doscientas puertas
	200 hotels	*200 doors*

In English, we say one hundred <u>and</u> ten. Spanish does not use *y* to connect hundreds.
In Spanish, it is ciento diez, *110;* doscientos veinte, *220;* trescientos quince, *315.*

300	trescientos	trescientos gatos	trescientas tiendas
		300 cats	*300 stores*
400	cuatrocientos	cuatrocientos trenes	cuatrocientas luces
		400 trains	*400 lights*
500	quinientos	quinientos animales	quinientas flores
		500 animals	*500 flowers*
600	seiscientos	seiscientos árboles	seiscientas fiestas
		600 trees	*600 parties*
700	setecientos	setecientos barcos	setecientas plantas
		700 boats	*700 plants*
800	ochocientos	ochocientos sueños	ochocientas mesas
		800 dreams	*800 tables*
900	novecientos	novecientos espejos	novecientas siestas
		900 mirrors	*900 naps*
1.000	mil	mil años	dos mil años
		1000 years	*2000 years*
1.000.000	un millón (de)	un millón de dólares	
		a million dollars	
2.000.000	dos millones (de)	dos millones de preguntas	
		two million questions	

Spanish does not count in hundreds after 1,000. In order to say 1996, for example, add 1,000 + 900 + 96: mil novecientos noventa y seis.

Spanish uses the period to separate thousands. The comma is used instead of the decimal point: $90, 25 – noventa dólares y veinticinco centavos.

Notice that *mil* does not change; *(dos mil, tres mil, cinco mil)*; neither does it need *un* in front of it. To say the year 2002: dos mil dos. The only time the plural *miles* is used is to refer to an inexact but large amount, the way English uses 'tons.' *Hay miles de personas en el restaurante.* There are tons of people in the restaurant.

A word about the numbers
  Numbers are very important in everyday life. People will tell you their telephone numbers or ask you to meet them on a certain street. Try to practice numbers with a partner or a native speaker.

☐ EXERCISE 1

Complete the sentences by writing in the numbers.

1. En febrero, hay _____días; cada _____años,
   (28)   (4)
   hay _____días.
       (29)

2. ¿En qué meses hay _____ días?
                              (31)

3. Hay _____días en una semana; _____ semanas en un año.
       (7)   (52)

4. Hay _____lápices en la tienda y _____plumas.
           (76)   (67)

5. Hay _____muchachas en el baño, pero hay
               (21)
   solamente _____espejo.
                (1)

6. Hay _____libros de español en la librería.
             (135)

7. En la biblioteca, hay _____libros.
                                (2,456)

8. _____y _____ son _____.
       (91)   (542)   (633)

9. _____menos _____ son _____.
       (860)   (50)   (810)

10. Hay _____camisas rojas en la tienda y hay _____ pantalones.
            (100)   (100)

11. Hay _____capítulos en el libro; hay _____ páginas.
            (15)   (254)

12. Hay _____restaurantes en la ciudad.
                (235)

Ordinal numbers

Any of the numbers that express position in a series, such as first, second, third.

primero	*first*	sexto	*sixth*
segundo	*second*	séptimo	*seventh*
tercero	*third*	octavo	*eighth*
cuarto	*fourth*	noveno	*ninth*
quinto	*fifth*	décimo	*tenth*

- Ordinal numbers in Spanish precede the noun and agree in gender with the noun they describe.

- **Primero** and **tercero** drop the **–o** before a masculine noun: el **primer** piso, el **tercer** piso.

primero -- *first*
  el primer hombre   *the first man*
  la primera mujer   *the first woman*

segundo -- *second*
  el segundo mes   *the second month*
  la segunda parte   *the second part*

tercero -- *third*
  el tercer día   *the third day*
  la tercera semana   *the third week*

cuarto -- *fourth*
  el cuarto piso   *the fourth floor*
  la cuarta lección   *the fourth lesson*

quinto -- *fifth*
  el quinto mes   *the fifth month*
  la quinta avenida   *the fifth avenue*

sexto -- *sixth*	
el sexto tren	*the sixth train*
la sexta calle	*the sixth street*
séptimo -- *seventh*	
el séptimo capítulo	*the seventh chapter*
la séptima página	*the seventh page*
octavo -- *eighth*	
el octavo libro	*the eighth book*
la octava pregunta	*the eighth question*
noveno -- *ninth*	
el noveno presidente	*the ninth president*
la novena fiesta	*the ninth party*
décimo -- *tenth*	
el décimo sueño	*the tenth dream*
la décima razón	*the tenth reason*

¿Dónde está la quinta avenida? — *Where is Fifth Avenue?*

Hay una librería en la sexta calle. — *There is a bookstore on Sixth Street.*

El tercer capítulo es interesante. — *The third chapter is interesting.*

La oficina del doctor está en el sexto piso. — *The doctor's office is on the sixth floor.*

¿Quiénes son los primeros habitantes del planeta? — *Who are the first inhabitants of the planet?*

- Ordinal numbers are used for kings, queens, popes and centuries; in this case, they follow the noun they describe.

el siglo segundo — *the second century*
Carlos Quinto — *Charles the Fifth*

- In order to express a number beyond tenth; namely from <u>eleventh</u> on, **state the noun first, then the cardinal number.**

Eleventh street: **la calle,** then the cardinal number, **once.**
la calle once.

el piso catorce
the floor fourteen   *the fourteenth floor*

la calle once
the street eleven   *eleventh street*

la lección veintitrés
the lesson twenty-three   *the twenty-third lesson*

el piso ciento tres
the floor 103   *the one hundred and third floor*

□ EXERCISE 2
Complete these sentences by using the indicated noun with the appropriate cardinal or ordinal number.

Example: Hay una feria en _____*la tercera avenida.*_____
(Third Avenue)

1. Hay una biblioteca en _____.
(72nd Street)

2. El trabajo de Lola está en _____.
(the 40th floor)

3. Hay un restaurante en _____.
(135th Street)

4. _____es interesante.
(The third chapter)

5. _____es horrible.
(The fourth lesson)

6. Mayo es _____del año.
(the fifth month)

The date

¿Cuál es la fecha de hoy?   *What is today's date?*

- To express dates, Spanish uses the cardinal numbers; (2-31). The <u>only</u> date that uses an ordinal number is the <u>first</u> of the month (<u>primero</u>).

Hoy es el primero de junio.   *Today is the first of June.*

Mañana es el primero de octubre.   *Tomorrow is the first of October.*

- In all other cases, the cardinal numbers are used.

Hoy es el cinco de mayo.   *Today is the fifth of May.*

Mañana es el seis de mayo.   *Tomorrow is the sixth of May.*

Es el veintiocho de febrero.   *It is the 28th of February.*

Es el treinta y uno de octubre.   *It is the 31st of October.*

☐ EXERCISE 3
Complete the following sentences.

1. Hoy es _____, el _____ de mayo.
    (Thursday)   (11th)

2. ¿Por qué estamos en clase _____?
                        (on Saturdays)

3. Hay _____personas en el restaurante nuevo.
        (100)

4. La fecha del nacimiento de Sandra es _____.
                              (Oct. 18, 1973)

5. Es el _____de diciembre de _____.
        (14th)   (1995)

6. ¿Quién es el _____hombre y la _____mujer?
            (first)   (first)

¿Qué hora es?   *What hour is it?*
                                      What time is it?

The translation for 'time' as in 'telling time' is **la hora.**

In order to tell time, Spanish always uses the third person singular or plural of **ser.**
La hora is feminine, so in telling time, **la** represents *la hora.*

Start by learning the expressions for telling time from one o'clock to twelve o'clock.

- The exact time:

Es la una.	*It is one o'clock.*
Son las dos.	*It is two o'clock.*
Son las tres.	*It is three o'clock.*
Son las cuatro.	*It is four o'clock.*
Son las cinco.	*It is five o'clock.*
Son las seis.	*It is six o'clock.*
Son las siete.	*It is seven o'clock.*
Son las ocho.	*It is eight o'clock.*
Son las nueve.	*It is nine o'clock.*
Son las diez.	*It is ten o'clock.*
Son las once.	*It is eleven o'clock.*
Son las doce.	*It is twelve o'clock.*

A.M. – **de la mañana** (*of the morning*),
P.M. – **de la tarde** (*of the afternoon*), **de la noche** (*of the night*).
The exact hour or sharp: **en punto** or **exactamente.**
About: **a eso de** +the hour, **más o menos** (*more or less*).

- After the hour:

The hour + **y** (and) + **the number of minutes.** Here you are adding minutes to the hour.

Es la una y veinte.	*It is 1:20.*
Son las cinco y diez.	*It is 5:10.*
Son las dos y cinco.	*It is 2:05.*

When the hour is a **quarter** after, you can use **quince** (15) or **cuarto** (a quarter).

Son las tres y quince.	*It is 3:15.*
Son las seis y cuarto.	*It is 6:15.*

When it is **half** past the hour, you can use **treinta** or **media** (half).

Son las nueve y treinta.	*It is 9:30.*
Son las ocho y media.	*It is 8:30.*

- Before the hour:

The hour, then **menos** (minus) followed by **the number of minutes.** Here, you are subtracting the minutes from the hour.

Son las tres menos diez.	*It is 2:50. (It is 3 o'clock minus ten minutes)*
Son las once menos cinco.	*It is 10:55. (It is 11 o'clock minus five minutes)*
Son las nueve menos cuarto.	*It is 8:45. (It is nine o'clock minus 15 minutes)*
Son las doce menos quince.	*It is 11:45. (It is 12 o'clock minus 15 minutes)*

The **number of minutes + para** + the hour. This expression, which closely follows English syntax, is not a full sentence.

Cinco para las tres.	*Five to three (o'clock).*
Veinticinco para las dos.	*25 to two (o'clock).*
Quince para las seis.	*15 to six (o'clock).*

- **¿A qué hora?**   *At what hour?*
                                          At what time?

The preposition **a** means *at*.

The rules for **after** the hour (the hour + the number of minutes) and **before** the hour (the hour minus the number of minutes) remains the same.

A la una.	*At one o'clock.*
A las dos.	*At two o'clock.*
A las tres.	*At three o'clock.*
A las cuatro y diez.	*At 4:10.*
A las cinco y cuarto.	*At 5:15.*
A las seis y cinco.	*At 6:05.*
A las siete y tres.	*At 7:03.*
A las ocho y media.	*At 8:30.*
A las nueve menos quince.	*At 8:45.*
A las diez menos veinte.	*At 9:40.*
A las once menos veinticinco.	*At 10:35.*
A la una menos diez.	*At 12:50.*

☐ EXERCISE 4

Complete the sentences with the hour. Include *de la mañana, de la tarde,* or *de la noche.*

1. El programa es _____.
      (at 6 p.m.)

2. _____estoy en casa.
      (At 8 a.m.)

3. _____ estamos en la oficina.
      (At 1 p.m.)

4. _____ estamos en un restaurante.
    (At 7:15 p.m.)

5. _____ ¿Dónde están los niños?
    (It is 10.00 p.m.)

Translate the following time expressions.

1. It is 2:20 p.m. _____

2. It is 4:30 a.m. _____

3. It is 9:15 p.m. _____

4. It is 6:00 p.m. sharp _____

5. It is 3:35 p.m. _____

6. It is 7:10 a.m. _____

7. At about 2:00 p.m. _____

8. At 9 a.m. exactly _____

📖 READING COMPREHENSION *El Restaurante*

Es la una de la tarde y el restaurante español está lleno.* Es un restaurante popular y económico. Hay dieciocho mesas y cinco camareros excelentes. En cada mesa hay cuatro o cinco personas. El ambiente* es espectacular. La gente está alegre porque es un día de fiesta* y no hay trabajo. Hay dos pisos; en el primer piso, hay bebidas* y tapas;* en el segundo piso, hay bebidas también y el plato del día. En el menú, hay pollo, carne y mucho pescado.* En el especial del día, hay sopa, papas, vegetales, ensalada, postre,* y café o té. Todo* está sabroso hoy.

---

*lleno – *full* *el ambiente – *the atmosphere* *un día de fiesta – *holiday*
*una bebida – *a drink* *tapas – *small appetizers, Spanish style* *pollo, carne, pescado – *chicken, meat, fish* *sopa, vegetales, ensalada, postre – *soup, vegetables, salad, dessert*
*todo – *everything*

Nombres

el agua*	the water	la cocina	the kitchen
el desayuno	the breakfast	el comedor	the dining room
el almuerzo	the lunch	el camarero	the waiter
la cena	the supper	el mozo	the waiter
la comida	the meal	el menú	the menu
el tenedor	the fork	la carta	the menu
el cuchillo	the knife	la cuenta	the bill
la cuchara	the spoon	el cheque	the check
la servilleta	the napkin	el impuesto	the tax
el vaso	the glass	la propina	the tip
el plato	the plate	la tarjeta de	the credit card
el mantel	the tablecloth	crédito	

*Nouns that begin with a stressed **a** or **ha** are feminine but take the masculine article in the singular, and **las** in the plural. **El agua** is the most common of these nouns: **el agua fría; las aguas frías.**

el águila, las águilas	the eagles	el arma, las armas	the weapons
el alma, las almas	the souls	el hacha, las hachas	the axes

Adjetivos

caliente	warm, hot	picante	spicy
delicioso	delicious	sabroso	delicious
fresco	fresh	sano	healthy
frío	cold	sucio	dirty
limpio	clean	seco	dry
lleno	full	vacío	empty

Expresiones de la hora en general   expressions of time in general

Es mediodía.	It is midday; it is noon.
Es medianoche.	It is midnight, it is 12:00 a.m.
Es temprano.	It is early.
Es tarde.	It is late.

Expresiones cuantitativas   quantitative expressions

una vez	one time, once	doble	double
dos veces	two times, twice	triple	triple
tres veces	three times	la mitad	(a) half

□ EXERCISE 5
Translate the following into English.

1. Son las dos de la tarde y los estudiantes están en clase.

   _____

2. La cocina está sucia pero el baño está limpio.

   _____

3. ¿Dónde están los trece camareros del restaurante?

   _____

4. Hay clase los lunes y los jueves.

   _____

5. A las ocho y media, la sopa está fría y los platos están sucios.

   _____

6. ¿Cuántos vasos hay en la mesa a las siete de la mañana en la casa de Ricardo?

   _____

□ EXERCISE 6 — ORAL
Answer these questions orally.

1. ¿Cuántas semanas hay en un año?

2. ¿Cuántos días hay en un año?

3. ¿Cuánto es ochenta y dos menos veintiséis?

4. ¿Cuánto es sesenta y siete y ciento treinta?

5. En la casa hay cuatro comedores y dos cocinas. ¿Es grande la casa o es pequeña?

6. ¿Por qué están Uds. contentos los miércoles en la primavera?

7. ¿Es deliciosa la comida italiana?

8. ¿A qué hora es el desayuno?

EL OFICIO DE LA CASA

Es el otoño y el aire está fresco. Son las once de la mañana y es un buen día para el oficio de la casa. Hoy, todo es un desorden.

En el dormitorio, la ropa está en el piso; las sábanas y las almohadas están sucias. La cocina es otro cuento. Hay polvo encima de la nevera y la estufa; las cucharas, los cuchillos, los tenedores, y los platos están en el lavaplatos. Hay manchas feas en el piso de la cocina. El baño del primer piso está sucio pero por lo menos, es pequeño. ¿Dónde está mi esponja para la cocina y el baño? Siempre están en el gabinete. También, hay una escoba para la sala y una aspiradora para la alfombra roja del comedor.

¿Qué hora es? Son las dos ya. Es la hora del almuerzo. En la nevera, hay sopa sabrosa de pescado y vegetales, pollo y papas fritas, y hay una torta y helado para el postre. Es el veintiuno de septiembre, el día de mi cumpleaños, un día agradable para estar en la casa.

Nombres

la almohada	*the pillow*	el helado	*ice cream*
la aspiradora	*the vacuum cleaner*	el lavaplatos	*the dishwasher*
el cumpleaños	*the birthday*	la mancha	*the stain*
un desorden	*a mess*	el oficio	*the work, job*
el dormitorio	*the bedroom*	el polvo	*the dust*
la escoba	*the broom*	la ropa	*the clothes*
la esponja	*the sponge*	la sábana	*the sheet*

Expresiones

al principio	*at the beginning*
es otro cuento	*it's another story*
por lo menos	*at least*

Preguntas

1. ¿Qué estación es?

2. ¿Qué hora es al principio del cuento?

3. ¿Dónde están las cucharas, los cuchillos, y los tenedores?

4. ¿Está sucia o limpia la casa?

5. ¿Es hoy el día de cumpleaños?

CHAPTER 5

REGULAR VERBS

The present tense of regular verbs

- All Spanish verbs belong to one of three classifications, according to the ending of the infinitive. All infinitives end in **–ar, –er,** or **–ir.**

- Each conjugation has its own set of endings that are added to the stem of the verb.

- Verbs are considered *regular* if there is *no change in the stem.*

Regular –ar verbs

In order to conjugate a regular **–ar** verb, drop the ending, and add **–o, –as, –a, –amos, –áis, –an** to the stem.

Cantar -- *to sing*

		cantar – infinitive	
		<u>cant</u>ar – stem	
		cant<u>ar</u> – ending	
yo canto	*I sing*	nosotros cantamos	*we sing*
tú cantas	*you sing*	vosotros cantáis	*you (pl) sing*
él canta	*he sings*	ellos cantan	*they sing*
ella canta	*she sings*	ellas cantan	*they (fem) sing*
Ud. canta	*you sing*	Uds. cantan	*you (pl) sing*

Uses of the present tense

- The present tense is used to express the English simple present (*I sing*) and the English present progressive tense (*I am singing*).

Ella canta una canción triste.

She sings a sad song.
She is singing a sad song.

- Questions are formed by inverting the subject and the verb. In this case, the translation of the Spanish present tense includes the English helping verb *do*. Questions can also be expressed by a rising inflection of the voice.

¿Cantas tú los domingos?
¿Tú cantas los domingos?

Do you sing on Sundays?
You sing on Sundays?

- The present tense can also be used to express a future event if an adverbial expression of future time is included.

Ella canta con Ud. mañana.

She'll sing with you tomorrow.

- To make a sentence negative, place **no** directly before the verb.

Yo canto en el baño.
No canto en el tren.

I sing in the bathroom.
I don't sing in the train.

Frequently used –**ar** verbs:

Bailar -- *to dance*

yo bailo	nosotros bailamos
tú bailas	vosotros bailáis
él baila	ellos bailan
ella baila	ellas bailan
Ud. baila	Uds. bailan

A word about pronunciation
It is important to pronounce Spanish precisely and correctly, so begin with good pronunciation. All words that end in the vowels **a, e, i, o, u** and the consonants **n** and **s** have their natural stress on the second to last, or penultimate syllable. Make sure you pronounce the verbs this way: yo can̲to, tú can̲tas, él can̲ta, nosotros canta̲mos, ellos can̲tan. If a word carries an accent mark, you will stress that syllable: vosotros cantáis, for example.

Bajar -- *to go down, to descend*

yo bajo

tú bajas

él baja
ella baja
Ud. baja

nosotros bajamos

vosotros bajáis

ellos bajan
ellas bajan
Uds. bajan

Caminar -- *to walk*

yo camino

tú caminas

él camina
ella camina
Ud. camina

nosotros caminamos

vosotros camináis

ellos caminan
ellas caminan
Uds. caminan

Cocinar -- *to cook*

yo cocino

tú cocinas

él cocina
ella cocina
Ud. cocina

nosotros cocinamos

vosotros cocináis

ellos cocinan
ellas cocinan
Uds. cocinan

Comprar -- *to buy*

yo compro

tú compras

él compra
ella compra
Ud. compra

nosotros compramos

vosotros compráis

ellos compran
ellas compran
Uds. compran

Contestar -- *to answer*

yo contesto

tú contestas

él contesta
ella contesta
Ud. contesta

nosotros contestamos

vosotros contestáis

ellos contestan
ellas contestan
Uds. contestan

A word about the verbs
The verbs are written out so that you can practice and learn them one by one. These verbs form an essential base for all future studies. The third person singular and third person plural have the same verb conjugation; from now on, only one of each of the three pronouns will be used.

Descansar -- *to rest*

yo descanso	nosotros descansamos
tú descansas	vosotros descansáis
ella descansa	ellas descansan

Entrar (en) -- *to enter (in)*

yo entro	nosotros entramos
tú entras	vosotros entráis
Ud. entra	Uds. entran

Escuchar -- *to listen to*

yo escucho	nosotros escuchamos
tú escuchas	vosotros escucháis
él escucha	ellos escuchan

Estudiar -- *to study*

yo estudio	nosotros estudiamos
tú estudias	vosotros estudiáis
ella estudia	ellas estudian

*Pronunciation reminder: the **d** in Spanish at the beginning of a breath group, or following an **l** or **n,** is pronounced like the **d** in dog: donde, la falda, el conde. In all other cases, the Spanish **d** is pronounced like the soft **th** sound in the word <u>other.</u> Practice <u>estudiar</u> with a **th** sound.*

Hablar -- *to speak*

yo hablo	nosotros hablamos
tú hablas	vosotros habláis
Ud. habla	Uds. hablan

Llegar -- *to arrive*

yo llego	nosotros llegamos
tú llegas	vosotros llegáis
él llega	ellos llegan

*Reminder: The **ll** in Spanish is pronounced like the **y** in beyond, or the **s** in pleasure.*

Limpiar -- *to clean*

yo limpio	nosotros limpiamos
tú limpias	vosotros limpiáis
ella limpia	ellas limpian

Mirar -- *to look at*

yo miro	nosotros miramos
tú miras	vosotros miráis
Ud. mira	Uds. miran

Nadar -- *to swim*

yo nado	nosotros nadamos
tú nadas	vosotros nadáis
él nada	ellos nadan

Practicar -- *to practice*

yo practico	nosotros practicamos
tú practicas	vosotros practicáis
ella practica	ellas practican

Regresar -- *to return*

yo regreso	nosotros regresamos
tú regresas	vosotros regresáis
Ud. regresa	Uds. regresan

Trabajar -- *to work*

yo trabajo	nosotros trabajamos
tú trabajas	vosotros trabajáis
él trabaja	ellos trabajan

Reminder: Stress the penultimate syllable of the conjugated verb; trabajo, trabajas, trabaja, trabajamos, trabajan.

Viajar -- *to travel*

yo viajo	nosotros viajamos
tú viajas	vosotros viajáis
ella viaja	ellas viajan

*Reminder: The **v** is Spanish is pronounced like **b** as in boy.*

- The preposition **a** also means *to*. When **a** is followed by the masculine **el,** meaning *the,* the word contracts to **al** meaning *to the.*

Caminamos **al** hotel.	*We walk to the hotel.*
Yo camino **al** restaurante.	*I walk to the restaurant.*

- When **a** is followed by the feminine singular article or plural articles, it does not combine.

Caminamos a la tienda.	*We walk to the store.*
Él viaja a Mexico los viernes.	*He travels to Mexico on Fridays.*
Ellos viajan a los estados del sur.	*They travel to the Southern states.*

☐ EXERCISE 1

Complete the sentences by choosing the appropriate verb and its correct conjugation. Use each verb only one time. *Bailar, bajar, caminar, cantar, cocinar, comprar, contestar, descansar, entrar, escuchar, estudiar, hablar, limpiar, llegar, mirar, nadar, practicar, regresar, trabajar, viajar.*

1. Las estudiantes __*caminan*__ a la escuela. Ellos __*regresan*__ en bus.

2. Ricardo _____ en la piscina.

3. Ella _____ mucho porque las lecciones son difíciles.

4. En la noche, si estamos cansados, _____ en la cama.

5. María siempre _____ a casa a las seis de la noche.

6. Los niños _____ y _____ en la fiesta.

7. En conversaciones, ¿quiénes _____ más, los hombres o las mujeres?

8. ¿Por qué _____ la mujer la blusa si es cara?

9. Enrique _____ en un restaurante. Él es cocinero y _____ en la cocina.

10. Los estudiantes _____ en el salón a las ocho de la mañana.

11. Yo _____ la música a las ocho de la noche los martes.

12. Ella _____ la televisión los domingos a las nueve.

13. Los músicos están contentos porque los estudiantes_____ mucho el piano.

14. Las dos amigas _____ el apartamento cuando está sucio.

15. Yo _____ en carro a la oficina. Trabajo en el piso cuarenta. A las cinco de la tarde _____ al primer piso.

16. Roberto _____ las preguntas en la clase.

□ EXERCISE 2 — ORAL
Answer the following aloud.

1. ¿Canta Ud. en la ducha?

2. ¿A qué hora escucha Ud. la música?

3. ¿Viajas tú mucho?

4. ¿Quiénes estudian más, los muchachos o las muchachas?

5. ¿Quién cocina bien en la familia de Ud?

6. ¿Si estás en un baile, bailas mucho?

Regular –er verbs

In order to conjugate a regular **–er** verb, drop the ending and add **–o, –es, –e, –emos, –éis, –en** to the stem.

Comer -- to eat

	comer – infinitive	
	comer – stem	
	comer – ending	
yo como		nosotros comemos
tú comes		vosotros coméis
él come		ellos comen
ella come		ellas comen
Ud. come		Uds. comen

Frequently used **–er** verbs:

Aprender -- *to learn*

yo aprendo	nosotros aprendemos
tú aprendes	vosotros aprendéis
él aprende	ellos aprenden

Beber -- *to drink*

yo bebo

tú bebes

ella bebe

nosotros bebemos

vosotros bebéis

ellas beben

Comprender -- *to understand*

yo comprendo

tú comprendes

Ud. comprende

nosotros comprendemos

vosotros comprendéis

Uds. comprenden

Correr -- *to run*

yo corro

tú corres

él corre

nosotros corremos

vosotros corréis

ellos corren

Leer -- *to read*

yo leo

tú lees

ella lee

nosotros leemos

vosotros leéis

ellas leen

Meter -- *to put in*

yo meto

tú metes

Ud. mete

nosotros metemos

vosotros metéis

Uds. meten

Prender -- *to turn on*

yo prendo

tú prendes

él prende

nosotros prendemos

vosotros prendéis

ellos prenden

Romper -- *to break*

yo rompo

tú rompes

ella rompe

nosotros rompemos

vosotros rompéis

ellas rompen

Vender -- *to sell*

yo vendo

tú vendes

Ud. vende

nosotros vendemos

vosotros vendéis

Uds. venden

□ EXERCISE 3

Complete the sentences by choosing the appropriate verb and the correct conjugation. Use each verb only one time. *Aprender, beber, comer, comprender, correr, leer, romper, vender.*

1. Si ella camina, y él _____, ¿quién llega primero?

2. Mariana _____ocho vasos de agua cada día.

3. Nosotros _____en los restaurantes excelentes todos los jueves.

4. Las muchachas estudian bien las lecciones de violín y _____ mucho.

5. Yo _____un libro cada semana. ¿Cuántos libros _____ Uds. cada año?

6. Somos buenos estudiantes y _____las ideas difíciles.

7. El hombre y la mujer _____el apartamento y compran una casa.

8. Los niños _____los platos y los vasos.

Regular –ir verbs

In order to conjugate a regular –**ir** verb, drop the ending and add –**o, –es, –e, –imos, –ís, –en** to the stem.

Vivir -- to live

vivir – infinitive	
vivir – stem	
vivir – ending	

yo vivo	nosotros vivimos
tú vives	vosotros vivís
él vive	ellos viven
ella vive	ellas viven
Ud. vive	Uds. viven

Abrir -- *to open*
yo abro
tú abres
él abre

nosotros abrimos
vosotros abrís
ellos abren

Compartir -- *to share*
yo comparto
tú compartes
ella comparte

nosotros compartimos
vosotros compartís
ellas comparten

Decidir -- *to decide*
yo decido
tú decides
Ud. decide

nosotros decidimos
vosotros decidís
Uds. deciden

Describir -- *to describe*
yo describo
tú describes
él describe

nosotros describimos
vosotros describís
ellos describen

Discutir -- *to discuss*
yo discuto
tú discutes
ella discute

nosotros discutimos
vosotros discutís
ellas discuten

Escribir -- *to write*
yo escribo
tú escribes
Ud. escribe

nosotros escribimos
vosotros escribís
Uds. escriben

Recibir -- *to receive*
yo recibo
tú recibes
él recibe

nosotros recibimos
vosotros recibís
ellos reciben

Subir -- *to go up, to ascend*
yo subo
tú subes
ella sube

nosotros subimos
vosotros subís
ellas suben

Sufrir -- *to suffer*
yo sufro
tú sufres
Ud. sufre

nosotros sufrimos
vosotros sufrís
Uds. sufren

□ EXERCISE 4

Complete the sentences with the appropriate verb and the correct conjugations.
Abrir, compartir, decidir, discutir, escribir, recibir, subir, vivir.

1. Hay mucha comida en la mesa pero el muchacho no come mucho.

    Él _____ la porción con Elena.

2. ¿Por qué _____ Ud. la puerta si hay mucho ruido afuera?

3. Ella trabaja en la ciudad, pero _____ en el campo.

4. Hablamos y _____ las noticias del día. La conversación es interesante.

5. ¿_____ tú frases y preguntas con una pluma o usas una computadora?

6. ¿Por qué _____ Uds. estudiar el español?

7. Cecilia siempre _____ muchas cartas de la familia los lunes.

8. Todos los estudiantes _____ al noveno piso para la clase de química.

Regular –ar and –er verbs that have more than one meaning

Deber -- *should, ought to, must (plus infinitive), to owe*

yo debo	nosotros debemos
tú debes	vosotros debéis
él debe	ellos deben

Ella debe comer mejor.	*She ought to eat better.*
Él debe mucho dinero.	*He owes a lot of money.*

Ganar -- *to win, to earn*

yo gano	nosotros ganamos
tú ganas	vosotros ganáis
ella gana	ellas ganan

Cecilia siempre gana el primer premio.	*Cecilia always wins first prize.*
Raúl gana quinientos dólares cada semana.	*Ralph earns 500 dollars each week.*

Llevar -- *to carry, to wear*

yo llevo	nosotros llevamos
tú llevas	vosotros lleváis
Ud. lleva	Uds. llevan

Ella no lleva un abrigo hoy.	*She isn't wearing a coat today.*
Llevo una bolsa de plástico a la tienda.	*I carry a plastic bag to the store.*

Pasar -- *to pass (by), to happen, to spend (time)*

yo paso	nosotros pasamos
tú pasas	vosotros pasáis
él pasa	ellos pasan

¿Qué pasa?	*What's happening?*
El tiempo pasa.	*Time passes.*
Ella pasa mucho tiempo con los turistas.	*She spends a lot of time with the tourists.*

Tocar -- *to touch, to play (an instrument)*

yo toco	nosotros tocamos
tú tocas	vosotros tocáis
él toca	ellos tocan

El experto toca la mesa antigua.	*The expert touches the antique table.*
María toca bien el piano.	*Maria plays the piano well.*

Tomar -- *to take, to have something to drink, to have breakfast, lunch, dinner*

yo tomo	nosotros tomamos
tú tomas	vosotros tomáis
ella toma	ellas toman

Tomamos el tren al trabajo.	*We take the train to work.*
Ella toma el desayuno a las ocho.	*She has breakfast at eight o'clock.*
Toma el almuerzo a la una y la cena a las siete.	*She has lunch at one o'clock and supper at seven o'clock.*
Tomo café negro cada mañana.	*I drink black coffee every morning.*

☐ EXERCISE 5

Choose the appropriate verb and conjugation to complete the following sentences. You can use the verbs more than one time. *Deber, ganar, llevar, pasar, tocar, tomar.*

1. ¿A qué hora _____Uds. el almuerzo?

2. La niña está enferma porque no _____una chaqueta en el invierno.

3. Ella _____caminar treinta minutos cada día.

4. Victoria _____ bien el violín.

5. Nosotros _____compartir la torta de chocolate con Jorge y con Guillermo.

6. Yo _____dos bolígrafos y tres lápices a la clase de matemáticas.

7. El profesor _____mucho tiempo en las montañas en el verano.

8. El muchacho _____la mesa antigua con las manos sucias.

9. Ricardo es maestro; no _____ mucho dinero, pero está feliz.

10. ¿_____ Ud. café con leche en la mañana?

Es el año mil novecientos sesenta y tres. Es una época* de paz en los Estados Unidos. En la ciudad donde vivimos este verano, hay paz también pero no estoy segura* si hay paz en el resto de México.

La ciudad es muy linda, con calles estrechas y casas del estilo español. Hay unas plazas hermosas y muchas iglesias. Vivimos en las montañas y estamos a tres millas de* la ciudad. Laura y yo caminamos treinta minutos y llegamos a la escuela a las diez de la mañana; la madre de Laura pasa el día en el campo porque estudia las civilizaciones antiguas. El padre de Laura descansa en la casa hasta las diez. Después,* él baja a la ciudad y pasa la mañana en un restaurante bonito donde él toma uno o dos cafés más; lee un periódico y habla con la gente. Ellos hablan bien el español, pero Laura y yo no hablamos mucho; estudiamos en la escuela secundaria porque necesitamos practicar más.

Laura y yo decidimos tomar un curso de historia de Mexico, una clase de baile, una clase donde los estudiantes aprenden canciones mexicanas y aprenden a tocar la guitarra. Guanajuato está ubicada* en las montañas y la clase de baile es difícil porque es trabajoso* respirar * en las montañas. Las clases de música son fantásticas porque hablamos y practicamos la pronunciación.

En la noche, regresamos a la casa y discutimos las experiencias del día. La madre cocina bien y comemos una comida saludable.* Laura y yo lavamos* los platos y el padre escucha la conversación y descansa.

---

*la época – *period of time* *estar seguro/a – *to be sure* *estar a tres millas de – *to be three miles from* *estar ubicado/a – *to be located* *después – *afterward*
*saludable – *healthy, healthful* *lavar – *to wash* *trabajoso — *difficult*
*respirar – *to breathe*

CHAPTER 6

IRREGULAR VERBS

The present tense of irregular verbs

- Verbs are considered *irregular* if there is a *change in the stem*.

- Each conjugation has its own set of endings that are added to the stem of the verb.

- The *nosotros* and *vosotros* forms are *unaffected by the change*.

Irregular –ar verbs

Irregular verbs that end in **–ar** have two possible changes in their stem. The endings are the same as those you have learned for the regular verbs: drop the ending and add **–o, –as, –a, –amos, –áis, –an** to the stem.

- Stem change: **e** > **ie**.

Cerrar -- *to close*
yo cierro	nosotros cerramos
tú cierras	vosotros cerráis
él cierra	ellos cierran

Empezar -- *to begin*
yo empiezo	nosotros empezamos
tú empiezas	vosotros empezáis
ella empieza	ellas empiezan

Pensar -- *to think*
yo pienso	nosotros pensamos
tú piensas	vosotros pensáis
Ud. piensa	Uds. piensan

A word about the irregular verbs
It is a good idea to learn these verbs one by one. Make sure you read them aloud. Practice as much as you can.

- Stem change: **o > ue.**

Almorzar -- *to lunch*

yo almuerzo	nosotros almorzamos
tú almuerzas	vosotros almorzáis
él almuerza	ellos almuerzan

Encontrar -- *to find*

yo encuentro	nosotros encontramos
tú encuentras	vosotros encontráis
ella encuenta	ellas encuentran

Jugar -- *to play (any sport, to play in general)*
 note: the stem change is **u > ue.**

yo juego	nosotros jugamos
tú juegas	vosotros jugáis
Ud. juega	Uds. juegan

Recordar -- *to remember*

yo recuerdo	nosotros recordamos
tú recuerdas	vosotros recordáis
ella recuerda	ellas recuerdan

□ EXERCISE 1

Complete these sentences by choosing the appropriate verb and the correct conjugation. Use each verb only one time. *Almorzar, cerrar, empezar, jugar, pensar, recordar.*

1. Yo _____ la ventana del salón porque hay mucho ruido afuera.

2. ¿Qué _____ Ud. de la situación del mundo?

3. Los muchachos y las muchachas _____ al béisbol todas las tardes a las cinco.

4. Al mediodía, nosotros _____ en un restaurante económico con los colegas del trabajo.

5. ¿_____ tú toda la letra de las canciones?

6. La maestra _____ la clase a las seis en punto.

Irregular verbs that end in **–er** have three possible changes in their stem. The endings are the same as those you have learned for the regular verbs: drop the ending and add **–o, –es, –e, –emos, –éis, –en** to the stem.

- Stem change: **e > ie.**

Entender -- *to understand*

yo entiendo	nosotros entendemos
tú entiendes	vosotros entendéis
ella entiende	ellas entienden

Perder -- *to lose*

yo pierdo	nosotros perdemos
tú pierdes	vosotros perdéis
Ud. pierde	Uds. pierden

Querer -- *to want*

yo quiero	nosotros queremos
tú quieres	vosotros queréis
él quiere	ellos quieren

Tener -- *to have*
   note: tener is irregular in the '**yo**' form also.

yo tengo	nosotros tenemos
tú tienes	vosotros tenéis
ella tiene	ellas tienen

- Stem change: **o > ue.**

Devolver -- *to return an object, to give back*

yo devuelvo	nosotros devolvemos
tú devuelves	vosotros devolvéis
ella devuelve	ellas devuelven

Poder -- *to be able, can, may*

yo puedo	nosotros podemos
tú puedes	vosotros podéis
él puede	ellos pueden

Volver -- *to return*

yo vuelvo	nosotros volvemos
tú vuelves	vosotros volvéis
Ud. vuelve	Uds. vuelven

- Verbs irregular in the '**yo**' form only.

Hacer -- *to do, to make*

yo hago	nosotros hacemos
tú haces	vosotros hacéis
él hace	ellos hacen

Poner -- *to put*

yo pongo	nosotros ponemos
tú pones	vosotros ponéis
ella pone	ellas ponen

Saber -- *to know (a fact), to know how*

yo sé	nosotros sabemos
tú sabes	vosotros sabéis
Ud. sabe	Uds. saben

Ver -- *to see*

yo veo	nosotros vemos
tú ves	vosotros veis
él ve	ellos ven

- You have learned to form sentences and questions with one verb.

Ella tiene un gato.	*She has a cat.*
¿Tiene ella un perro?	*Does she have a dog?*

- You have also learned that the word order of English and Spanish are basically the same. This allows you to put two verbs together in a similar sequence. Notice that the negative *no* comes directly before the first verb.

Yo no quiero cantar.	*I don't want to sing.*
Ellos quieren leer un libro.	*They want to read a book.*
Podemos bailar bien.	*We are able to dance well.*
Sí, sabemos cantar bien también.	*Yes, we know how to sing well also.*

- You can even put three verbs in one sentence.

Susana quiere poder hablar español.	*Susan wants to be able to speak Spanish.*
Él quiere poder correr en el maratón.	*He wants to be able to run in the marathon.*

☐ EXERCISE 2
Complete the sentences with the correct conjugation of the verb in parenthesis.

1. El muchacho _____ nadar y las amigas de él _____ bailar.
   (saber)

2. No sabemos donde estamos porque siempre _____ las direcciones.
   (perder)

3. ¿Qué _____ Ud. durante la primavera? (hacer)

4. Yo _____ una pluma y él _____ un libro difícil.
   Nosotros _____ mucha tarea para la clase. (tener)

5. El gerente _____ a la casa a las ocho y media los lunes. (volver)

6. Los estudiantes _____ la pregunta. (entender)

7. Yo _____ viajar porque tengo mucho dinero. (poder)

8. Nosotros _____ los pájaros en el parque. (ver)

9. Federico _____ los libros a la biblioteca. (devolver)

10. Yo _____ los platos en la mesa. (poner)

11. La turista _____ estar en los Estados Unidos el miércoles. (querer)

☐ EXERCISE 3
Translate from English to Spanish.

1. I know where there is an inexpensive restaurant on Fifth Avenue.

   _____

2. Carlos doesn't want to make a date with the dentist.

   _____

3. We don't want to clean the apartment today.

   _____

4. I see a gray cat and a blue bird.

_____

5. She understands the ideas but she doesn't want to talk.

_____

6. Who is able to sing and dance at the party?

_____

7. I do the homework at eight o'clock on Mondays.

_____

8. We want to return to work on Tuesday.

_____

Irregular –ir verbs

Irregular verbs that end in –**ir** have four possible changes in their stem. The endings are the same as those you have learned for the regular verbs: drop the ending and add –**o**, –**es**, –**e**, –**imos**, –**ís**, –**en** to the stem.

- Stem change: **e** > **ie.**

Mentir -- _to lie_
yo miento
tú mientes
él miente

nosotros mentimos
vosotros mentís
ellos mienten

Preferir -- _to prefer_
yo prefiero
tú prefieres
ella prefiere

nosotros preferimos
vosotros preferís
ellas prefieren

Venir -- _to come_
note: venir is irregular in the '**yo**' form also.
yo vengo
tú vienes
Ud. viene

nosotros venimos
vosotros venís
Uds. vienen

- Stem change: **e > i.**

Pedir -- to ask for, to request
yo pido   nosotros pedimos
tú pides   vosotros pedís
Ud. pide   Uds. piden

Repetir -- *to repeat*
yo repito   nosotros repetimos
tú repites   vosotros repetís
él repite   ellos repiten

Seguir -- *to follow, to continue*
yo sigo   nosotros seguimos
tú sigues   vosotros seguís
ella sigue   ellas siguen

Servir -- *to serve*
yo sirvo   nosotros servimos
tú sirves   vosotros servís
Ud. sirve   Uds. sirven

Sonreír -- to smile
yo sonrío   nosotros sonreímos
tú sonríes   vosotros sonreís
él sonríe   ellos sonríen

- Stem change: **o > ue.**

Dormir -- to sleep
yo duermo   nosotros dormimos
tú duermes   vosotros dormís
él duerme   ellos duermen

- Stem change in the '**yo**' form only.

Oír -- to hear
yo oigo   nosotros oímos
tú oyes*   vosotros oís
ella oye*   ellas oyen*

Salir -- to leave, to exit, to go out
yo salgo   nosotros salimos
tú sales   vosotros salís
Ud. sale   Uds. salen

---

oyes, oye, oyen are spelling changes to clarify the pronunciation.

☐ EXERCISE 4

Complete the following sentences with the appropriate verb and the correct conjugation. Use each verb only one time. *Dormir, mentir, oír, preferir, repetir, salir, seguir, servir, venir.*

1. ¿Por qué _____ Ud. la pregunta si ellas saben la respuesta?

2. La niña _____ mucho y sus padres están enojados con ella.

3. La fiesta es horrible; hay mucho ruido y humo. Ana quiere _____.

4. Nosotros _____ ocho horas cada noche y podemos trabajar bien durante el día.

5. Ella no sabe donde vive Maria, pero ella tiene un mapa y puede_____ las direcciones a la casa.

6. Ellos _____ a Nueva York a ver los museos.

7. ¿Pueden Uds. _____ bien las voces de los estudiantes?

8. ¿Qué _____ Ud. hacer, jugar al tenis o nadar?

9. A las nueve de la mañana, la cafetería abre y los camareros_____ el desayuno.

☐ EXERCISE 5 — ORAL

1. ¿A qué hora almuerza Ud? ¿Come Ud. mucho?

2. ¿Duerme Ud. bien? ¿Tiene Ud. sueños dulces?

3. ¿Tienes las llaves del edificio donde trabajas?

4. ¿Cuál prefiere Ud. beber, el vino blanco o el vino tinto?

5. ¿Qué hace Ud. el fin de semana?

6. ¿Quién sonríe más, los hombres, las mujeres, o los niños?

7. ¿Sabe Ud. jugar al tenis?

8. ¿Dónde pones los platos, los tenedores, las cucharas, y los cuchillos?

☐ EXERCISE 6 — REVIEW

Complete the following with the appropriate verb and conjugation. Use each verb only one time. *Almorzar, cerrar, dormir, empezar, encontrar, entender, estar, hacer, hay, jugar, poder, poner, preferir, recordar, saber, salir, seguir, ser, servir, tener, venir, ver, volver.*

1. A las ocho de la mañana, los empleados abren la puerta de la oficina y entran.

   A las ocho de la noche, ellos _____la puerta y _____.

2. Los muchachos estudian todo el día en la escuela. A las tres de la tarde, si hace sol,

   ellos _____al béisbol.

3. A mediodía, nosotros _____en un restaurante económico

   con los amigos del trabajo.

4. La maestra _____las lecciones a las seis.

5. ¿Quién _____la letra de las canciones?

6. Ella _____la pregunta pero no _____

   la respuesta correcta.

7. Yo toco el piano pero _____tocar la guitarra.

8. Yo _____mil dólares en el banco y cien dólares en la mano.

9. ¿Por qué quiere él _____presidente?

10. Nosotros _____el camino a la casa de Sara.

11. Los dos niños _____nueve horas cada noche.

12. No puedo_____un hotel barato en la ciudad.

13. Laura _____a la oficina porque quiere hablar con el jefe.

14. Nosotros _____cansados porque tenemos que trabajar.

15. ¿_____Ud. preparar una torta deliciosa para la fiesta?

16. En el campo, yo _____los árboles y los pájaros; en la ciudad,

    yo _____los edificios altos.

17. ¿Por qué no _____ manzanas rojas en el supermercado?

18. El viaje es largo y queremos _____ a casa.

19. Yo _____ las cucharas, los cuchillos y los tenedores en la mesa y Teresa _____ la comida.

20. Ellos prefieren _____ la tarea a las diez de la noche; yo _____ la tarea a las siete de la mañana.

☐ EXERCISE 7
Translate into English.

1. ¿En qué piso viven los amigos de Pablo? ¿Son ellos de Perú? ¿Hablan bien el inglés? _____

   _____

2. Sebastián sale de la casa de Carla a las ocho de la mañana. Llega a la oficina a las nueve. Él trabaja ocho horas. ¿A qué hora puede llegar a la casa de Carla? _____

   _____

3. ¿De qué habla Ud? ¿Con quién hablan Uds?

   _____

4. ¿Por qué hay un árbol en la casa?

   _____

5. ¿Ser o no ser?

   _____

6. Al mediodía, entramos en el edificio y subimos al tercer piso; a las tres de la tarde, bajamos al primer piso y salimos. _____

   _____

EL TREN

El tren llega a tiempo como siempre. Llega a las cuatro y veintiséis. Subo al tren con algunas personas y viajo a la ciudad.

Cerca de mí, una mujer duerme. Ella descansa completamente. Pienso que tiene sueños dulces. Un hombre lee un periódico. Las noticias son interesantes hoy; él lee con mucho interés. ¿Qué lee? ¿Está interesado en los deportes o los negocios o los eventos internacionales? Es imposible saber. Un niño grita y después sonríe. Un hombre a mi lado escribe cartas de amor. Otras personas hablan por teléfono. Hablan y hablan. Ellos tienen muchos amigos. Trato de escuchar las conversaciones. A veces, quiero hablar con alguien pero prefiero viajar sola con mis libros y mis cuadernos.

El tren llega a la ciudad a las cinco y cuatro. Camino con la muchedumbre hacia las salidas. La estación del tren es grande y hermosa. Hay restaurantes en el sótano y farmacias y tiendas en el primer piso. Salgo de la estación. No hay mucho sol, menos mal. La gente pasa. El tiempo pasa. ¿Qué hago ahora, con muchas posibilidades? (Prefiero el campo donde hay menos decisiones). ¿Qué hago yo después de mi viaje en el tren? Hay teatro y cine, conciertos y museos. Puedo comer en un buen restaurante o escuchar música gratis en el parque. ¿En qué dirección camino? No, es mejor volver al tren; en el tren todo es seguro. Siempre sale y llega a su destino. El próximo tren sale precisamente a las cinco y veinte. Afortunadamente, hay tiempo.

Es la hora pico. Corro con la muchedumbre al tren. Subimos. Tomamos asiento. Abrimos los libros, las revistas, los periódicos y descansamos, contentos de estar de nuevo en el tren.

Verbos	*verbs*
estar seguro	*to be sure*
hablar por teléfono	*to speak by (on the) phone*

llegar a tiempo	*to arrive on time*
pensar en	*to think about*
ser imposible	*to be impossible*
ser seguro	*to be safe*
subir al tren	*to get in the train*
tomar asiento	*to take a seat*

Nombres

la hora pico	*rush hour*
la muchedumbre	*the crowd*
la salida	*the exit*
el sótano	*the basement*
el teatro	*the theater*

Preposiciones — *prepositions*

| cerca de mí | *near me* |
| a mi lado | *at my side* |

Adverbios

a veces	*at times*
afortunadamente	*fortunately*
completamente	*completely*
de nuevo	*again*
después de + *infinitive*	*after (doing something)*
gratis	*free (in cost)*
hacia	*toward*
menos mal	*luckily*
mejor	*better*

Preguntas

1. ¿Es largo el viaje a la ciudad?

2. ¿Cómo son los pasajeros que viajan en el tren?

3. ¿Sabe Ud. si el personaje principal es hombre o mujer? ¿Cómo sabe Ud?

4. Después de salir de la estación, ¿en qué piensa el personaje?

5. ¿Qué decide hacer?

6. ¿Pasa el personaje mucho tiempo en la ciudad?

7. ¿Por qué vuelve al tren?

CHAPTER 7

IR and the FUTURE

Ir -- *to go*

yo voy	*I am going, I go*	nosotros vamos	*we are going, we go*
tú vas	*you are going, you go*	vosotros vais	*you are going, you go*
él va	*he is going, he goes*	ellos van	*they are going, they go*
ella va	*she is going, she goes*	ellas van	*they are going, they go*
Ud. va	*you are going, you go*	Uds. van	*you are going, you go*

Vamos a la ciudad.	*We are going to the city.*
¿Vas tú a la playa los domingos?	*Do you go to the beach on Sundays?*
Ellas van a la tienda.	*They are going to the store.*
¿Adónde van ellos?	*(to)Where are they going?*
Voy al* banco los miércoles.	*I go to the bank on Wednesdays.*
¿Quieres ir con nosotros?	*Do you want to go with us?*
Quiero ir al supermercado.	*I want to go to the supermarket.*

A word about the verb **ir**
The translation of this verb, whether *to go* or *to be going* will depend on the context of the sentence.

*The word **a** means *to*. When **a** is followed by **el** meaning *the,* the two words combine to form the contraction **al**. There are only two contractions in the language: **del** and **al.**

□ EXERCISE 1

Complete these sentences with the correct conjugation of **ir.**

1. El hombre y la mujer _____ al trabajo a las siete de la mañana.

2. Nosotros _____ al cine los sábados.

3. ¿Quiere Ud. _____ con nosotros?

4. La estudiante _____ a la escuela los martes.

5. Los niños quieren_____ al circo porque quieren ver los elefantes.

6. Yo _____ al gimnasio porque quiero hacer ejercicio.

7. ¿_____ tú al campo los fines de semana?

8. Ernesto no quiere _____ a España pero Mariana sí quiere _____.

The future with the verb ir

Ir + **a** + the infinitive is used to refer to future time.
The English equivalent: *to be going*.

Ellos **van a cantar** esta noche.   *They are going to sing tonight.*

Vamos a decidir más tarde.   *We are going to decide later.*

- To form a question, place the subject either directly after the conjugation of **ir,** or following the infinitive.

¿**Van** ellos **a cantar** esta noche?   *Are they going to sing tonight?*

¿**Van a cantar** ellos esta noche?   *Are they going to sing tonight?*

¿A qué hora **va a llegar** el tren?   *At what hour is the train going to arrive?*

- Often the subject pronoun is not necessary.

¿**Vas a viajar** a España?   *Are you going to travel to Spain?*
Vamos a salir ahora   *We are going to leave now.*

More frequently used regular –**ar** verbs:

Aceptar	to accept	**Llorar**	to cry
Apagar	to turn off	**Manejar**	to drive
Arreglar	to arrange, to fix	**Marcar**	to dial, to mark
Cambiar	to change	**Necesitar**	to need
Celebrar	to celebrate	**Parar**	to stop
Cruzar	to cross	**Pintar**	to paint
Dibujar	to draw	**Preparar**	to prepare
Disfrutar	to enjoy	**Repasar**	to review
Doblar	to turn, to fold	**Terminar**	to finish
Explicar	to explain	**Tirar**	to throw
Firmar	to sign	**Usar**	to use
Gozar	to enjoy	**Viajar**	to travel

□ EXERCISE 2

Complete the sentences by using the appropriate conjugation of the verbs in parenthesis. Remember that the preposition **a**, sometimes translated, sometimes not, follows **ir.**

1. Elena _____ ***va a viajar*** _____ a Portugal. Ella __***necesita***__ aprender el portugués.
   (to be going to travel/ to need)

2. ¿Dónde _____ Marí y Sara a las diez esta noche?
   (to be going/to be)

3. Samuel _____ un documento mañana. (to be going to sign)

4. Mañana, yo _____ la tarea. (to be going to finish)

5. ¿Quién _____ los tiquetes para el viaje? (to be going to buy)

6. Nosotros _____ el cumpleaños de Ana el sábado.
   (to be going to celebrate)

7. Nosotros_____ a una fiesta el lunes o nosotros
   _____ ir al cine. (to be able to go/to be able)

8. Él no _____ la invitación. (to be going to accept)

9. Nosotros _____ el verano este año porque
   nosotros _____ a Chile. (to be going enjoy/ to go)

10. Esta noche yo _____. No quiero _____ a un
    restaurante. (to be going to cook/to go).

11. ¿Quién _____ las luces? (to be going to turn off)

12. ¿Cómo _____ Uds. el día de acción de gracias?
(to be going to spend)

Idioms with the verb tener

The following expressions or idioms do not translate exactly from Spanish to English. Instead of saying, for example, *I am 30 years old*, in Spanish, the idea is expressed through *tener. Yo tengo treinta años; I have 30 years.*

Tener _____ años	*to be _____ years old*
Tener calor	*to be hot*
Tener celos	*to be jealous*
Tener cuidado	*to be careful*
Tener la culpa	*to be at fault*
Tener dolor de cabeza/ estómago	*to have a headache, stomachache*
Tener envidia	*to be envious*
Tener éxito	*to be successful, to have success*
Tener frío	*to be cold*
Tener ganas de	*to want, to desire*
Tener hambre	*to be hungry*
Tener la palabra	*to have the floor*
Tener lugar	*to take place*
Tener miedo de	*to be afraid of*
Tener prisa	*to be in a hurry*
Tener que ver con	*to have to do with*
Tener rabia	*to be in a rage, to be very angry*
Tener razón	*to be right*
Tener sed	*to be thirsty*
Tener sueño	*to be sleepy*
Tener suerte	*to be lucky, to have luck*
Tener verguenza	*to be ashamed*

☐ EXERCISE 3 — ORAL

Answer the following questions in Spanish.

1. ¿Cuántos años tienes?

2. ¿Tiene Ud. frío en el invierno donde vive?

3. ¿Es necesario tener cuidado en las calles de una ciudad grande?

4. ¿Tiene Ud. dolor de cabeza ahora?

5. ¿En que profesión tiene Ud. éxito?

6. ¿Tiene Ud. ganas de tomar una cerveza fría o prefiere el vino blanco?

7. ¿A qué hora tiene Ud. hambre?

8. ¿Tiene Ud. miedo del agua? ¿Sabe Ud. nadar?

☐ EXERCISE 4

Complete the sentences with idioms of the verb *tener*. Use each expression only one time.

1. Si Uds. _____, comen mucho?

2. Si una persona _____, bebe agua.

3. Siempre gano los premios; yo _____ ¿es verdad?

4. Los muchachos quieren mirar televisión hasta las diez, pero los padres
   _____ y quieren dormir.

5. En el invierno, nosotros _____ en las montañas. Vamos
   de vacaciones al Caribe y si _____ nadamos en el océano.

6. ¿Quién quiere hablar? Estamos listos para escuchar las nuevas ideas.
   Irene _____.

7. ¿_____ tú _____ de hablar delante de mucha
   gente en una conferencia grande?

8. Yo _____ ¡Quiero salir ahora!

9. Él no tiene mucho dinero pero _____ en la vida.

10. Janet _____ de cabeza y no puede ir al trabajo.

11. ¿Es importante _____ en situaciones peligrosas?

12. Irene tiene una buena respuesta. Ramón tiene una respuesta excelente.
    No sabemos quien _____ .

13. ¿Dónde _____ la fiesta?

14. Nosotros _____ de ir a la playa el sábado.

15. ¿Cuántos _____ el hermano de Rafael?

16. Es una respuesta excelente, pero ¿qué _____ la pregunta?

Idiomatic verb expressions

Tener que + infinitive -- *to have to*

yo tengo que ir
 I have to go
tú tienes que cocinar
 you have to cook
él tiene que hablar
 he has to speak

nosotros tenemos que caminar
 we have to walk
vosotros tenéis que escuchar
 you have to listen
ellos tienen que descansar
 they have to rest

Tratar de + infinitive -- *to try to*

yo trato de leer
 I try to read
tú tratas de limpiar
 you try to clean
Ud. trata de contestar
 you try to answer

nosotros tratamos de escribir
 we try to write
vosotros tratáis de correr
 you try to run
Uds. tratan de nadar
 you try to swim

Dejar de + infinitive -- *to stop (doing something)*

yo dejo de fumar
 I stop smoking
tú dejas de comer
 you stop eating
ella deja de bailar
 she stops dancing

nosotros dejamos de trabajar
 we stop working
vosotros dejáis de beber
 you stop drinking
ellas dejan de estudiar
 they stop studying

Acabar de + infinitive -- *to have just (done something)*
   The translation of the present tense is equivalent to the present perfect tense in English.

yo acabo de llegar
 I have just arrived
tú acabas de cantar
 you have just sung
él acaba de salir
 he has just left

nosotros acabamos de decidir
 we have just decided
vosotros acabáis de pagar
 you have just paid
ellos acaban de volver
 they have just returned

Volver a + infinitive -- *to do (something) again*

yo vuelvo a leer
 I read again
tú vuelves a cocinar
 you cook again
Ud. vuelve a mentir
 you lie again

nosotros volvemos a conversar
 we speak again
vosotros volvéis a cantar
 you sing again
Uds. vuelven a ganar
 you win again

□ EXERCISE 5

Complete this letter using the four idiomatic expressions: *tener que, tratar de, dejar de, acabar de.*

Queridos amigos,

Yo _____llegar a Lisboa en Portugal. La ciudad es bonita pero no

entiendo el portugués. Yo _____ aprender a hablar el idioma si

quiero gozar del país. Voy a _____ empezar las clases mañana. No debo

_____viajar porque aprendo mucho del país y de la gente.

Hasta pronto.

The relative pronoun QUE

Que, meaning *that, which,* or *who,* is the most common relative pronoun in everyday speech. **Que** refers to persons or things, singular or plural.

Los platos que están en el piso están sucios.	*The plates which are on the floor are dirty.*
Ella tiene un amigo que vive en el campo.	*She has a friend who lives in the countryside.*
El programa que miro los viernes es interesante.	*The program that I watch on Fridays is interesting.*

Que is also used after prepositions. As the object of a preposition **que** refers to a thing or things only, not to a person or persons.

El libro en que escribimos es viejo.	*The book in which we write is old.*
No entiendo el tema de que habla.	*I don't understand the theme of which you speak.*
Ella tiene un bastón con que caminar.	*She has a cane with which to walk.*

The conjunction QUE

Conjunctions are used to join two sentences into a single sentence. A sentence or question may consist of a main clause and a dependent or subordinate clause connected by the Spanish conjunction **que.**

El maestro sabe que los estudiantes entienden.	*The teacher knows that the students understand.*
Él piensa que la lección es fácil.	*He thinks that the lesson is easy.*
Veo que el tren viene.	*I see that the train is coming.*

A word about **que**
  In English, the word *that,* whether it is a relative pronoun or a conjunction, is often omitted. For example: *the program (that) I see; I think (that) the lesson is easy.* In Spanish, **que** is never omitted.

The preposition PARA

Para has two meanings: *for* and *in order to*. There is no reason to confuse *para* with any other word.

for:

José tiene dos libros para la clase.	*Joe has two books for the class.*
La pregunta es para María.	*The question is for Maria.*
Mañana, el barco sale para Cuba.	*Tomorrow the boat sails for Cuba.*
Los guantes son para el invierno.	*The gloves are for the winter.*
¿Hay una carta para nosotros?	*Is there a letter for us?*
Ella va a estudiar para el examen.	*She is going to study for the exam.*

in order to:

Comemos para vivir.	*We eat in order to live.*
Ella baila para estar alegre.	*She dances in order to be happy.*
Él estudia para ser doctor.	*He studies in order to be a doctor.*
Corro para llegar a tiempo.	*I run in order to arrive on time.*
Sara hace ejercicios para cantar.	*Sarah does exercises in order to sing.*

☐ EXERCISE 6

Complete the following sentences by translating the words in parenthesis.

1. Ella viene a la clase _____ (in order to learn).

2. Yo sé _____ (that she is here).

3. El hombre _____ (who lives here) es guapo.

4. ¿Piensa Ud. _____ (that I should go)?

5. Él practica _____ (in order to play) el piano.

6. ¿ _____ (for whom) es la pregunta?

7. Las llaves _____ (that I need) están en el carro.

8. ¿Tiene Ud. una habitación _____ (for two persons)?

Parts of the body

la articulación	*the joint*	el párpado	*the eyelid*
la barba	*the beard*	el pecho	*the chest*
la barbilla	*the chin*	el pelo	*the hair*
la boca	*the mouth*	la pestaña	*the eyelash*
el brazo	*the arm*	el pie	*the foot*
el cabello	*the hair*	la piel	*the skin*
la cabeza	*the head*	la pierna	*the leg*
la cadera	*the hip*	el pulgar	*the thumb*
la cara	*the face*	la quijada	*the jaw*
la ceja	*the eyebrow*	la rodilla	*the knee*
la cintura	*the waist*	los senos	*the breasts*
el codo	*the elbow*	el talón	*the heel*
la columna	Ithe spine	el tobillo	*the ankle*
el cuello	*the neck*	la uña	*the nail*
el dedo	*the finger*		
el dedo del pie	*the toe*		
el diente	*the tooth*		
las encías	*the gums*		

Los órganos internos

la espalda	*the back*	las amígdalas	*the tonsils*
la frente	*the forehead*	la arteria	*the artery*
la garganta	*the throat*	el cerebro	*the brain*
el hombro	*the shoulder*	el corazón	*the heart*
la lengua	*the tongue*	las costillas	*the ribs*
la mano	*the hand*	el estómago	*the stomach*
la mejilla	*the cheek*	el hígado	*the liver*
la muñeca	*the wrist*	el hueso	*the bone*
el muslo	*the thigh*	el músculo	*the muscle*
las nalgas	*the buttocks*	el pulmón	*the lung*
la nariz	*the nose*	el riñón	*the kidney*
la nuca	*the nape*	la sangre	*the blood*
el oído	*the inner ear*	el tendón	*the tendon*
el ojo	*the eye*	las venas	*the veins*
la oreja	*the ear*		

In Spanish, the article, (*el, la, los, las*) is used more than the possessive adjective, especially with parts of the body.

For example: Ella tiene un problema en <u>el pie</u>.

                El tiene dolor <u>del tobillo</u> y no puede caminar bien.

                El niño tiene <u>las manos</u> sucias.

                Tenemos veinte dedos; diez en <u>las manos</u> y diez en <u>los pies</u>.

La familia

As you learn the names for family members, note that the plural will take the masculine form. The most obvious of the examples: **el padre** means *the father;* **la madre** means *the mother.* **Los padres** means *the parents.*

los bisabuelos	*the great-grandparents*
el bisabuelo	*the great-grandfather*
la bisabuela	*the great-grandmother*
los abuelos	*the grandparents*
el abuelo	*the grandfather*
la abuela	*the grandmother*
los padres	*the parents*
el padre	*the father*
la madre	*the mother*
los parientes	*the relatives*
el pariente	*the relative (male)*
la pariente	*the relative (female)*
el tío, la tía	*the uncle, the aunt*
el esposo, el marido, la esposa	*the husband, the wife*
el hijo, la hija	*the son, the daughter*
el hermano, la hermana	*the brother, the sister*
el nieto, la nieta	*the grandson, the granddaughter*
el primo, la prima	*the cousin, the cousin (female)*
el sobrino, la sobrina	*the nephew, the niece*
el suegro, la suegra	*the father-in-law, mother-in-law*
el yerno	*the son-in-law*
la nuera	*the daughter-in-law*
el cuñado, la cuñada	*the brother-in-law, sister-in-law*
el padrastro, la madrastra	*the stepfather, the stepmother*
el padrino, la madrina	*the godfather, the godmother*
el ahijado, la ahijada	*the godson, the goddaughter*

Time expressions with hacer

- To ask someone <u>how long</u> they have been doing something, the present tense is used in Spanish. The translation of this construction is the present perfect tense in English. The action begins in the past and continues into the present.

¿Cuánto tiempo hace que + *verb in the present tense*:

¿Cuánto tiempo hace que Ud. vive aquí?	*How long have you been living here?**
¿Cuánto tiempo hace que él estudia el francés?	*How long has he been studying French?*
¿Cúanto tiempo hace que Uds. viajan?	*How long have you been traveling?*
¿Cúanto tiempo hace que la muchacha mira televisión?	*How long has the girl been watching television?*

- To answer the question of <u>how long</u> someone has been doing something, the following expression is used:

Hace + *length of time* + **que** + *verb in the present tense*:

Hace quince años **que** yo vivo aquí.	*I have been living here for 15 years.***
Hace un mes que él estudia el francés.	*He has been studying French for a month.*
Hace seis semanas que viajamos.	*We have been traveling for six weeks.*
Hace una hora que ella mira television.	*She has been watching television for an hour.*

A word about the present tense
  This construction looks complicated because the translation is the present perfect in English. But whenever you think about the idea of *how long* someone has been doing something, just use present tense in Spanish.
*This is the accepted translation for ¿Cúanto tiempo hace que Ud. vive aquí?
  A more literal translation is: *How much time does it make that you live here?*
**Similarly, this sentence can be translated: *It makes 15 years that I live here.*

☐ EXERCISE 7

Complete the sentences by using the appropriate verb and the correct conjugation according to the meaning of the sentence. Use each verb only one time. *Abrir, beber, cerrar, cocinar, comer, correr, deber, dormir, empezar, estar, hacer, ir, jugar, nadar, perder, querer, saber, salir, ser, tener que, tratar de, vivir.*

1. María y Tomás van a España. El viaje va a _____fantástico.

2. Susana practica para poder _____en el maratón.

3. ¿Vas a _____arroz con pollo para la familia?

4. La parte de la cabeza que _____entre el pelo y los ojos es la frente.

5. Nosotros _____los ojos para dormir.

6. Yo _____la boca para hablar, pero las palabras no_____.

7. Enrique _____de estudiar pero prefiere jugar al tenis.

8. Para aprender bien, los estudiantes _____que asistir a la clase.

9. ¿Qué _____Ud. si tiene sed? ¿_____agua o jugo?

10. Ella quiere _____a Sudamérica. Ella _____en Canadá.

11. La película popular _____a las siete. Nosotros _____ comprar los tiquetes a las seis.

12. Yo soy ingeniero y _____en el décimo piso del edificio.

13. El hombre fuerte _____ocho horas cada noche; él _____ vegetales y pescado; _____en la piscina del gimnasio en el invierno, y él _____al béisbol en el verano.

14. ¿Quién _____la historia de los Estados Unidos?

15. Ella siempre _____las llaves de la casa.

☐ EXERCISE 8
Fill in the blanks with the correct form of *ir*.

1. El hombre quiere _____ al partido de besibol. Él _____ siempre los domingos.

2. ¿Por qué no _____ tú al cine con Elena? Ella es una mujer simpática.

3. Nosotros _____ a comprar un carro para el cumpleaños de Pablo.

4. ¿Adónde _____ Uds?

5. Yo _____ a la escuela los lunes y los miércoles. Los martes, _____ a la biblioteca para estudiar.

☐ EXERCISE 9
Fill in the blanks with the appropriate verb or expression. Use each only one time.
Bajar, cocinar, estar, ganar, hacer, hay, leer, llegar, perder, preferir, regresar, saber, salir, ser, subir, tener calor, tener frío, tener hambre, tener sed, tener sueño, tener miedo, tener razón. tomar, venir, volver.

1. Son las doce de la noche, Carlos no puede dormir bien y _____. Tomás _____ y quiere comer.

2. ¿Quiere Ud. _____ aquí a Nueva York a ver una obra de teatro?

3. Ella no quiere _____ una cita con el doctor porque _____ de las inyecciones.

4. Los hijos de Bernarda _____ de la casa a las siete y media de la mañana. Ellos _____ a casa a las cuatro.

5. El viajero_____ los periódicos y las revistas porque quiere _____ las noticias del día.

6. ¿Cuántas guerras _____ en el mundo?

7. El hermano de Alicia siempre _____ el bus para llegar al trabajo, pero Alicia _____ caminar.

8. Miguel piensa que va a _____ mucho dinero este año.

9. Yo trato de _____ a tiempo a la clase.

10. Los dos amigos _____ de Perú. El apartamento de ellos _____ en la calle cuarenta y dos con la avenida doce.

11. Vivo en el décimo piso. Yo _____ y _____ en el ascensor.

12. A las seis de la noche, Elena _____ a casa y empieza a _____ una comida para la familia.

13. Si yo _____, llevo un suéter extra.

14. Si ella _____, va a la playa porque quiere nadar.

15. ¿Bebe Ud. mucho si _____?

16. No jugamos bien al tenis y siempre _____ el juego.

17. Julia piensa que el sol es importante. Ramón piensa que la luna es más importante. ¿Quién _____?

□ EXERCISE 10
Fill in the part of the body.

1. Ella tiene _____ corto. Tiene _____ azules y una sonrisa hermosa.

2. La nariz y las cejas son partes de _____.

3. Es difícil correr si tenemos dolor del _____.

4. Comemos con _____. Vamos al dentista para cuidar _____.

5. Si yo tengo una infección y no puedo oír bien, la infección está en _____

6. Si una persona toma mucho alcohol, va a tener problemas en _____.

7. Si una persona tiene asma, el problema está en _____.

8. El tobillo, el pie, y la _____ son partes de la pierna.

9. Tengo dolor del _____ y no quiero comer.

10. Sonreímos con _____.

□ EXERCISE 11

Review **ser** and **estar** then complete the sentences.

1. ¿Quién _____ aquí?

2. Los guantes del hombre _____ verdes.

3. Ella quiere _____ con su familia en Navidad.

4. ¿Cómo sabes quién _____ ella?

5. ¿_____ o no _____? Es la cuestión.*

6. El muchacho _____ contento si no tiene que ir a la escuela.

7. ¿Estás donde quieres _____?

8. Nosotros _____ buenos amigos.

9. Jorge _____ un buen hombre.

10. ¿Dónde _____ la fiesta?

11. ¿Cuál _____ la fecha de hoy? ¿Qué día _____ hoy?

12. Yo _____ de Filadelfia. ¿De dónde _____ Uds?

*la cuestion means *the issue; la pregunta* means *the question.*

☐ EXERCISE 12

Complete the sentences with the appropriate family member. Use each family member only one time.

1. Graciela tiene sesenta y seis años y tiene dos _____.
   El nombre de uno es Enrique; la otra es Felicia.

2. Enrique tiene treinta años. Felicia tiene treinta y dos años. Ellos son
   _____.

3. Enrique tiene una _____ bonita de treinta y un años.
   Ellos tienen dos hijos.

4. Felicia tiene un _____ flaco de treinta y cuatro años.
   Ellos tienen dos hijas.

5. Los hijos de Enrique y Felicia son jóvenes. Ellos son los _____
   de Graciela.

6. Los hijos de Enrique y Felicia están contentos porque Graciela es muy
   simpática y ella es la _____ de ellos.

7. El hermano de Felicia es el _____ de los niños.

8. La hermana de Enrique es la _____ de los niños.

9. El hermano del esposo de Felicia es el _____ de ella.

10. La hermana del esposo de Felicia es la _____ de ella.

11. El padre de la esposa es el _____ de él.

12. La madre de la esposa es la _____ de él.

13. El padre del padre de Felicia es el _____.

14. Todos son _____ de ellos.

CHAPTER 8

ADJECTIVES and ADVERBS

Possessive adjectives

- Possessive adjectives in Spanish agree in gender and number with the noun they modify.

- Possessive adjectives precede the noun they modify.

mi, mis — *my*
Mi hermana quiere ir a España.   *My sister wants to go to Spain.*
Mis amigos quieren ir a Portugal.   *My friends want to go to Portugal.*

tu, tus — *your* ('tú' form)
Tu libro está en la mesa.   *Your book is on the table.*
Tus lápices están en la silla.   *Your pencils are on the chair.*

su, sus — *your* ('Ud.' form)
                    his
                    her
                    their

- In Spanish, there is only one form for the third person possessive: **su** and **sus.** This means that **su/sus** can be very ambiguous, so the form that you have already learned and used, the noun + de + the pronoun, is used to clarify the meaning.

Pedro y Linda están aquí.   *Peter and Linda are here.*
Necesito su carro.   *I need (his, her, their) car.*
¿El carro de él o el carro de ella?   *His car or her car?*

Sus ideas son fantásticas.   *(Your, his, her, their) ideas are fantastic.*
¿Las ideas de quién?   *Whose ideas?*
Las ideas de Uds.   *Your ideas.*

Ellos viven en las montañas.   *They live in the mountains.*
Su casa es grande.   *Their house is big.*

Ella escribe mucho.   *She writes a lot.*
Sus artículos son interesantes.   *Her articles are interesting.*

nuestro, nuestra, nuestros, nuestras — *our*

Nuestro tren viene. | *Our train is coming.*
Nuestra fiesta va a ser fantástica. | *Our party is going to be fantastic.*
Nuestros libros son viejos. | *Our books are old.*
Nuestras computadoras son nuevas. | *Our computers are new.*

vuestro, vuestra, vuestros, vuestras — *your* ('vosotros' form)

Like *vosotros*, this form is used only in Spain. Here it is explained, so that you will be aware of it, but when you need the word for *your* in Spanish, use *su/sus*.

Vuestro amigo es de España. | *Your friend is from Spain.*
Vuestra casa está en Madrid. | *Your house is in Madrid.*
¿Son españoles vuestros maestros? | *Are your teachers Spanish?*
Vuestras amigas son españolas. | *Your friends are Spanish.*

□ EXERCISE 1

Complete the sentences using *mi, mis, tu, tus, su, sus, nuestro, nuestros, nuestra,* or *nuestras.*

1. Soy estudiante; _____ libros están en la mesa.

2. Él es un profesor excelente; _____ ideas son interessntes.

3. Ellos son abogados; _____ clientes pueden ser culpables o inocentes.

4. Nuestro hermano es profesor; _____ padres enseñan también.

5. Ella es mi abuela; _____ casa está en Florida.

6. El cuñado de Cecilia es carpintero; _____ nombre es Manuel.

7. Uds. son estudiantes; _____ libros son nuevos.

8. Liliana está en Texas; _____ hermanas están en Arizona.

9. Vivo con cuatro amigos y dos gatos; _____ casa es grande.

10. Somos principiantes; _____ tarea no es fácil.

11. Mis primos escriben libros; _____ trabajo es interesante.

12. La hija de Beatriz es doctora; _____ hijo es arquitecto.

Demonstrative adjectives

In Spanish, there are three demonstrative adjectives; they agree in number and gender with the nouns they modify.

Near the speaker	*masculine*	*feminine*
This	este	esta
These	estos	estas

Near the listener		
That	ese	esa
Those	esos	esas

Far from both speaker and listener		
That (over there)	**aquel**	**aquella**
Those (over there)	**aquellos**	**aquellas**

Este periódico es interesante.
Esta revista es interesante también.

This newspaper is interesting.
This magazine is interesting also.

Estos hombres son fuertes.
Estas mujeres son fuertes también.

These men are strong.
These women are strong also.

Ese piano es viejo.
Esa guitarra es nueva.

That piano is old.
That guitar is new.

Esos libros son caros.
Esas plumas son costosas.

Those books are expensive.
Those pens are costly.

Aquel traje es feo.
Aquella blusa es más bonita.
Aquellos árboles son enormes.
Aquellas casas son pequeñas.

That suit (over there) is ugly.
That blouse is prettier.
Those trees are enormous.
Those houses are small.

They refer to an object that is not known, a statement or a general idea.

esto	*this*
eso	*that*
aquello	*that (farther away in place or time)*

¿Qué es esto? ¿Qué es eso?

Aquello no es necesario.

What is this? What is that?

That is not necessary.

☐ EXERCISE 2

Complete these sentences using demonstrative adjectives.

1. ¿Quién es ___*ese*___ hombre que está con Julia? (that)

2. _____revista que tú lees es interesante, pero_____
   artículo tiene más información. (this/that)

3. ¿Piensa Ud. que _____camisas son hermosas, o prefiere Ud.
   _____camisas azules? (these/those)

4. ¿En qué sitio prefieren Uds. comer; en _____restaurante
   o en _____cafetería? (that, over there/that, over there)

5. _____falda es bonita, pero voy a comprar _____
   pantalones porque son más cómodos. (this/those)

6. _____mujeres corren en el maratón. (those, over there)

7. ¿Por qué mira Ud. _____programas en televisión si son repeticiones?
   (those)

8. _____mes va a ser maravilloso. (this)

Adjectives of nationality

- When an adjective of nationality ends in a consonant, —**a** is added to form the feminine.

español	*Spanish*
el restaurante español	*the Spanish restaurant*
la comida española	*the Spanish meal*
inglés	*English*
el hombre inglés	*the English man*
la mujer inglesa	*the English woman*
francés	*French*
el vino francés	*French wine*
la cerveza francesa	*French beer*
alemán	*German*
el escritor alemán	*the German writer*
la escritora alemana	*the German writer (f)*
japonés	*Japanese*
el muchacho japonés	*the Japanese boy*
la muchacha japonesa	*the Japanese girl*
holandés	*Dutch*
el niño holandés	*the Dutch child*
la niña holandesa	*the Dutch child (f)*

- In all other cases, the adjectives of nationality will follow the rules you have already learned. Adjectives that end in —**o** change to —**a** when describing a feminine noun.

el hombre cubano	*the Cuban man*
la mujer cubana	*the Cuban woman*
el muchacho chileno	*the Chilean boy*
la muchacha chilena	*the Chilean girl*
el niño norteamericano	*the North American child*
la niña norteamericana	*the North American child*
el amigo suizo	*the Swiss friend*
la amiga suiza	*the Swiss friend*

- Adjectives that end in vowels other than —**o** do not change.

el hombre canadiense	*the Canadian man*
la mujer canadiense	*the Canadian woman*

el niño hindú   the Hindu child
la niña hindú   the Hindu child

el hombre israelí   the Israeli man
la mujer israelí   the Israeli woman

Country	Nationality	Country	Nationality
Alemania	alemán	México	mexicano
Arabia Saudita	saudí/saudita	Nicaragua	nicaragüense
(la)Argentina	argentino	Noruega	noruego
Austria	austriaco	Nueva Zelanda	neocelandés
Bélgica	belga	Pakistan	pakistani
Bolivia	boliviano	(el) Panamá	panameño
(el) Brasil	brasileño	(el Paraguay	paraguayo
(el)Canadá	canadiense	(el) Perú	peruano
Chile	chileno	Polonia	polaco
China	chino	Portugal	portugués
Colombia	colombiano	Puerto Rico	puertorriqueño
Corea	coreano	(la) República	
Costa Rica	costarricense	Dominicana	dominicano
Cuba	cubano	Rusia	ruso
Dinamarca	danés	El Salvador	salvadoreño
(el)Ecuador	ecuatoriano	Siria	sirio
Egipto	egipcio	Sudán	sudanés
Escocia	escocés	Suecia	sueco
España	español	(la) Suiza	suizo
(los)		Tailandia	tailandés
Estados Unidos	norteamericano	Taiwán	taiwanés
Finlandia	finlandés	Turquia	turco
Francia	francés	(el) Uruguay	uruguayo
Grecia	griego	Venezuela	venezolano
Guatemala	guatemalteco	Vietnám	vietnamita
Haití	haitiano	Yemen	yemení
Holanda	holandés		
Honduras	hondureño		
Hungría	húngaro	*Continent*	
(la)India	hindú		
Inglaterra	inglés	África	africano
Irlanda	irlandés	Antártica	antártico
Irak/Iraq	iraquí	el Ártico	ártico
Irán	iraní	Asia	asiático
Israel	israelí	Australia	australiano
Italia	italiano	Europa	europeo
Jamaica	jamaiquino	Norteamérica	norteamericano
Japón	japonés	Sudamérica	sudamericano
Marrueco	marroquí		

Adjectives which precede the noun

In Chapter 1, you learned that adjectives follow the nouns they describe. Now you will learn the few adjectives which precede the noun they modify. Remember that adjectives agree in number and gender with the noun they describe.

- Two frequently used adjectives, **bueno** and **malo,** drop the –**o** before a masculine singular noun.

bueno -- *good*
Este niño es un **buen** estudiante.   *This child is a good student.*
Su hermana es una **buena** estudiante.   *His sister is a good student.*
Ellos son **buenos** estudiantes.   *They are good students.*
Ellos tienen **buenas** maestras.   *They have good teachers.*

malo -- *bad*
Ella tiene un **mal** perro.   *She has a bad dog.*
Su amiga tiene una **mala** idea.   *Her friend has a bad idea.*
Ellas tienen tres **malos** gatos.   *They have three bad cats.*
Son **malas** situaciones.   *They are bad situations.*

- Adjectives that express quantity:

mucho -- *a lot of, much, many*
Él no tiene **mucho** dinero.   *He doesn't have a lot of money.*
Tiene **muchos** amigos.   *He has a lot of friends.*
Ellas preparan **mucha** comida   *They prepare a lot of food*
   para **muchas** personas.   *for a lot of people.*

poco -- *a little bit, a few, not much, not many*
Hay **poco** dinero en este banco   *There is not much money in this bank*
   y hay **pocos** clientes.   *and not many clients.*
Poca gente vive en esta calle y   *Not many people live on this street and*
   hay **pocas** casas.   *there are few houses.*

bastante, suficiente -- *enough*
Ellos ganan **suficiente** dinero   *They earn enough money and they*
   y tienen **bastante** trabajo.   *have enough work.*

Bueno and *malo* can follow the noun as well as precede it. The use is less frequent, though, and the description loses intensity. El hombre bueno — *the (fairly) good man.*

ambos -- *both*

España y Portugal son bellos.
Los viajeros van a visitar **ambos** países.

> Spain and Portugal are beautiful.
> The travelers are going to visit both countries.

cada -- *each*

cada has the same form for both masculine and feminine.
Cada casa tiene dos baños.
Cada apartamento tiene una cocina.

> Each house has two bathrooms.
> Each apartment has a kitchen.

varios -- *several*

Varios restaurantes sirven tacos.
Varias tiendas venden burritos.

> Several restaurants serve tacos.
> Several stores sell burritos.

alguno -- *some*

Él va a volver **algún*** día.
¿Hay **alguna** farmacia cerca?
Algunos pensamientos son buenos.
Algunas ideas son malas.

> He is going to return some day.
> Is there some pharmacy nearby?
> Some thoughts are good.
> Some ideas are bad.

otro -- *other, another*

un and *una* do not precede any form of *otro* and *otra*.
Él quiere **otro** carro.
Ella quiere **otra** casa.
Él tiene **otros** problemas difíciles.
Ella va a comprar **otras** cosas.

> He wants another car.
> She wants another house.
> He has other difficult problems.
> She is going to buy other things.

todo -- *all, every*

Ella lee **todo** el día.
Todo el mundo está aquí.
Leo **toda** la información.
Él escribe **todos** los días.
Ella hace **todas** las preguntas.

> She reads all day.
> Everyone (all the world) is here.
> I read all the information.
> He writes every day.(all the days)
> She asks all the questions.

- Adjectives that express next, only, last:

próximo -- *next*

Vamos a viajar el **próximo** año.
La **próxima** lección es interesante.
¿Qué va a pasar en los **próximos** años

y en las **próximas** generaciones?

> We are going to travel next year.
> The next lesson is interesting.
> What is going to happen in the next years
> and in the next generations?

---

*alguno drops the **-o** before a masculine noun.

único -- *only*
  Ricardo es el único mexicano aquí.   *Ricardo is the only Mexican here.*
  Ella es la única española.   *She is the only Spaniard.*

último -- *last, final*
  El último mes del año es diciembre.   *The last month of the year is December.*
  Hoy es la última clase del semestre.   *Today is the last class of the semester.*

▪ Some adjectives have different meanings depending on whether they precede or follow
   the noun they modify.

Preceding the noun   *Following the noun*

antiguo
  su antiguo novio   una civilización antigua
  her former boyfriend   *an ancient civilization*

cierto
  cierto día   una cosa cierta
  a certain day   *a sure thing*

grande -- *shortens to gran before any singular noun*
  el gran hombre; la gran mujer   el hombre grande; la mujer grande
  the great man; the great woman   *the big man; the big woman*

pobre
  el pobre niño   el hombre pobre
  the poor, unfortunate little boy   *the poor man (without money)*

mismo
  el mismo libro; la misma idea   el profesor mismo*
  the same book; the same idea   *the professor himself*

viejo
  los viejos amigos   los amigos viejos
  the longtime friends   *the old friends (in years)*

---

* When *mismo* <u>follows</u> a noun or pronoun, it <u>intensifies</u> the word it describes.
  For example: esta casa misma – *this very house*
                   yo mismo – *I myself*
                   el doctor mismo está enfermo – *the doctor himself is sick*
                   ahora mismo – *right now*

□ EXERCISE 3

Complete the sentences by using the appropriate adjective of nationality.

1. Micaela es de España y habla español porque su padre es español; ella habla francés porque su madre es _____.

2. Pensamos que la comida_____es deliciosa. El sushi y el sashimi son platos típicos.

3. Hay mucha arte en Guatemala. ¿Son artistas_____?

4. Para entrar en los Estados Unidos, el ciudadano_____ tiene que cruzar la frontera entre el Canadá y los Estados Unidos.

5. _____tienen la reputación de ser poetas. La gente de Nicaragua trabaja duro y escribe poesía.

6. Costa Rica es un país con muchos parques nacionales._____ visitan los parques todo el año.

7. Este hombre de India es _____. Su esposa es _____ también.

8. Soy portuguesa. Mi hermano es _____también.

□ EXERCISE 4

Complete the sentences using the following adjectives. Use each adjective only one time. *Algunos, ambos, bastante, bueno, cada, malo, mucho, otro, poco, próximo, suficiente, todo, último, único, varios.*

1. Carlos lee todo el día; quiere leer _____los libros de la biblioteca.

2. Ella es la _____persona en la clase que no tiene una computadora.

3. Es necesario tomar _____agua para estar bien.

4. Hay dos películas que ella quiere comprar, pero no tiene _____ dinero para comprar_____videos.

5. El _____ mes del año es diciembre.

6. El pianista practica el piano dos horas _____ día.

7. Queremos ir a un _____ restaurante para comer bien.

8. No es una _____ idea pasar el día en la playa.

9. Hay _____ revistas y _____ periódicos en la librería.

10. La librería tiene _____ libros sobre la historia de los aztecas, pero tiene más libros sobre la historia de los incas.

11. El _____ tren sale a las nueve y veinte de la mañana.

12. Loreta no está contenta porque el bus no viene y su carro viejo no es bueno. Ella quiere comprar _____ carro nuevo.

13. Hay _____ palabras en este artículo que puedo entender.

☐ EXERCISE 5

Place the following adjectives before or after the noun, according to the meaning of the sentence: *antiguo, cierto, grande, pobre, mismo, viejo.*

1. Mi amiga y yo asistimos a la _____ clase _____ .

2. Atenas y Roma son _____ ciudades _____ .

3. El _____ hombre _____ no tiene dinero.

4. La _____ niña _____ está triste porque no tiene amigos.

5. ¿Quién es una _____ mujer _____ de nuestra generación?

6. Somos _____ amigas _____ . Pasamos mucho tiempo juntas.

Comparison of adjectives

The comparative structure expresses *more* or *less,* or the *same amount.*

REGULAR COMPARISONS

More than:

más + adjetivo + **que**

Julia es **más** fuerte **que** Juan.
La revista es **más** interesante **que**
el libro.

more + *adjective* + ***than***

Julia is stronger than John.
The magazine is more interesting
than the book.

Less than:

menos + adjetivo + **que**

El libro es **menos** interesante **que**
la revista.
Las camisas son **menos** caras **que**
los vestidos.

less + *adjective* + ***than***

The book is less interesting than
the magazine.
The shirts are less expensive than
the dresses.

The same as:

tan + adjetivo + **como**

Estas tortas son **tan** dulces **como**
esos pasteles.
¿Es el perro **tan** inteligente **como**
el gato?

as + *adjective* + ***as***

These cakes are as sweet as those
pastries.
Is the dog as intelligent as the cat?

The superlative

The most/ the least:

el (la) más + adjetivo + **de**
el (la) menos + adjetivo + **de**

¿Quién es la persona **más** fuerte
de su familia?
¿Cuál es la clase **menos** interesante
de la escuela?

(the) most + *adjective* + ***of***
(the) least + *adjective* + ***of***

Who is the strongest person in* your
family?
Which is the least interesting class
in the school?

---

*In the superlative structure, the Spanish **de** can be translated *in.*

IRREGULAR COMPARISONS AND SUPERLATIVES

bueno	*good*
mejor	*better*
el mejor, la mejor	*the best (singular)*
los mejores, las mejores	*the best (plural)*

Esta torta es buena.	*This cake is good.*
El pastel que Ud. tiene es mejor.	*The pastry that you have is better.*
Estos postres son los mejores de todos.	*These desserts are the best of all.*

malo	*bad*
peor	*worse*
el peor, la peor,	*the worst*
los peores, las peores	*the worst (plural)*

Él es malo.	*He is bad.*
Ella es peor.	*She is worse.*
Ella es la peor de su escuela.	*She is the worst in her school.*

joven	*young*
menor	*younger*
el menor, la menor,	*the youngest*
los menores, las menores	

El niño es joven.	*The child is young.*
Su hermano es menor.	*His brother is younger.*
Su hermana es la menor de su familia.	*His sister is the youngest in their family.*

viejo	*old*
mayor	*older*
el mayor, la mayor	*oldest*
los mayores, las mayores	

Ella es vieja.	*She is old.*
Su madre es mayor.	*Her mother is older.*
Su abuela es la mayor de todas.	*Her grandmother is the oldest of all.*

Menor and *mayor* refer only to people: *mi hermano menor, mi hermana mayor*. If you want to compare 'trees' for example, just use the regular comparison: *estos árboles son más viejos que aquellos árboles.*

Comparing nouns

más + nombre + **que**
menos + nombre + **que**

more + noun + ***than***
less + noun + ***than***

Tengo **más** lápices **que** María.
Ella tiene **menos** libros **que** yo.

I have more pencils than Maria.
She has fewer books than I.

tanto + nombre + **como**

as much + noun + *as*
as many + noun + *as*

Tanto is an adjective and agrees with the noun it modifies.

Él corre **tantos** metros **como** su hijo.
Ella trabaja **tantas** horas **como** Ud.
José tiene **tanta** música **como** Sara.
Él tiene **tanto** pelo **como** su tío.

He runs as many meters as his son.
She works as many hours as you.
Joe has as much music as Sarah.
He has as much hair as his uncle.

Comparing verbs

más que
menos que
tanto como

more than
less than
as much as

Yo estudio **más que** tú.

I study more than you.

Tú lees **menos que** yo.

You read less than I.

Ella aprende **tanto como** él.

She learns as much as he.

□ EXERCISE 6
Complete these sentences using the word in parenthesis.

1. Esta película es buena; es _____ de todas. (the best)

2. Su carro es caro, pero no es _____ como mi carro. (as expensive)

3. El apartamento de María es _____ del edificio. (the biggest)

4. Nuestra clase de matemáticas es _____ que la clase de historia. (more interesting)

5. Uds. tienen _____ exámenes como nosotros. (as many)

6. Su casa es _____ que mi apartmento. (smaller)

7. Ella es _____ que él, pero él no es el estudiante _____ de la clase. (taller/tallest)

8. Estas películas son_____ que los programas de televisión. (more exciting)

9. Mi hermana _____ está _____ que mi hermano_____. (younger/happier/older)

10. Las calles son _____ que las avenidas. (less wide)

11. ¿Piensa Ud. que los caballos son _____ como los perros? (as intelligent)

12. Esa casa roja es _____ que la casa amarilla. (older)

13. Yo leo _____ tú. (more than)

14. Él sabe _____ nosotros. (less than)

15. Ellos viven en el sitio _____ del país. (most beautiful)

16. Este restaurante sirve _____ comida de la ciudad. (the best)

17. Pienso que Mónica es _____ que Martina. (older)

18. Anita tiene dos años. Ella es _____ de su familia. (the youngest)

19. La comida hindú es _____ que la comida china. (spicier)

20. El baño está _____ que el comedor. (cleaner)

21. Somos _____ que nuestros vecinos. (more affectionate)

22. ¿Quién es _____ político de los Estados Unidos? ¿Quién es _____ ? (the best/the worst)

23. Isabel piensa que el sol es _____ que la luna. Ramón piensa que

     la luna es _____. (more important)

24. Estoy _____ que ellos. (sadder)

25. Los padres están _____ que sus hijos. (more tired)

26. Ella tiene _____ energía como sus estudiantes. (as much)

27. Las muchachas juegan _____ deportes como los muchachos.
     (as many)

28. Ellas cantan _____ que sus hermanos. (better)

29. Vendo _____ cigarillos que compro. (less)

30. Ellos ganan _____ dinero que Pedro. (more)

Adverbs

Adverbs describe verbs or adjectives.

- In Spanish, adverbs are formed by adding **–mente** to the <u>feminine form</u> of the adjective. The suffix **–mente** corresponds to the English suffix *–ly*.

- To change the adjective *perfecto* to an adverb, use the feminine form *perfecta* and add *–mente*. The result is the adverb, *perfectamente*.

Adjective		*Adverb*	
claro	*clear*	claramente	*clearly*
rápido	*rapid*	rápidamente	*rapidly*
lento	*slow*	lentamente	*slowly*
franco	*frank*	francamente	*frankly*
honesto	*honest*	honestamente	*honestly*
extremo	*extreme*	extremamente	*extremely*
íntimo	*intimate*	íntimamente	*intimately*

- If the adjective does not end in **–o**, the adjective has only one form for both masculine and feminine. To form an adverb from these adjectives, simply add *–mente* to the adjective.

alegre	*happy*	alegremente	*happily*
feliz	*happy*	felizmente	*happily*
triste	*sad*	tristemente	*sadly*
fácil	*easy*	fácilmente	*easily*
frecuente	*frequent*	frecuentemente	*frequently*

- If there are two adverbs in a series, only the final one will add *–mente*. The first one in the series takes the feminine form of the adjective.

Él camina frequente y alegremente.	*He walks frequently and happily.*
Él corre lenta y tristemente.	*He runs slowly and sadly.*
Hablo clara y concisamente.	*I speak clearly and concisely.*
Ella vive tranquila y libremente.	*She lives calmly and freely.*

□ EXERCISE 7
Change these adjectives to their corresponding adverbial form.

1. sincero (sincere) _____ (sincerely)

2. loco (crazy) _____ (crazily)

3. total (total) _____ (totally)

4. verdadero (true) _____ (truly)

5. inocente (innocent) _____ (innocently)

6. cariñoso (affectionate) _____ (affectionately)

7. completo (complete) _____ (completely)

8. normal (normal) _____ (normally)

ADVERBS THAT DO NOT TAKE THE SUFFIX *–MENTE*.

- Adverbs of quantity

mucho	*a lot*	tanto	*so much*
poco	*a little bit*	más	*more*
casi	*almost*	menos	*less*
demasiado	*too much*		

- Adverbs that tell how something is done

| bien | *well* | mejor | *better* |
| mal | *badly* | peor | *worse* |

- Adverbs of time and place

a veces	*sometimes*	ahora	*now*
aquí, allí	*here, there*	ahora mismo	*ritght now*
acá, allá*	*here, there*	cerca	*nearby*
en lo alto	*up, up there*	lejos	*far off*
adelante	*in front*	al fondo	*in back, at the bottom*
atrás	*in back*	siempre	*always*
arriba	*up, upstairs*	todavía	*still, yet*
abajo	*down, downstairs*	todavía no	*not yet*
adentro	*inside*	ya	*already*
afuera	*outside*	ya no	*no longer*

Acá and *allá* are usually used with verbs of motion.

- Adverbs of direction

a la derecha	*to the right*
a la izquierda	*to the left*
derecho, recto	*straight ahead*

Ya sé que ella está **aquí**.	*I already know that she is here.*
Él **siempre** hace bien su tarea.	*He always does his homework well.*
Los niños cocinan **poco**.	*The children cook a little bit.*
¿Por qué no vienes **acá**?	*Why don't you come here?*
María llega **temprano**.	*María arrives early.*
Su amiga llega **tarde**.	*Her friend arrives late.*
A la derecha, hay una iglesia.	*To the right, there is a church.*
A la izquierda, hay un banco.	*To the left, there is a bank.*

☐ EXERCISE 8
Complete the following sentences with the adverb in parenthesis.

1. Llego al trabajo a las siete de la mañana; _____ llego _____.
(always/early)

2. Para hablar _____ el español, tengo que pronunciar _____.
   (well/clearly)

3. ¿Corre ella _____? (slowly)

4. Todo el mundo quiere vivir _____. (happily)

5. Simón y Teresa viajan cada mes. Viajan _____. (frequently)

6. ¿Puede Ud. comer después de su operación? _____. (not yet)

7. ¿Necesita Ud. ayuda con sus problemas? _____. (no longer)

8. ¿Dónde están los niños? ¿Están _____ o _____?
   (upstairs/downstairs)

9. El hombre camina _____ y _____.
   (quickly/happily)

10. La muchacha _____ firma sus cartas _____.
    (always/affectionately)

11. Los adolescentes comen _____. (a lot)

12. _____, hay un río. (straight ahead)

13. ¿A que hora llegamos _____? (there)

14. Hablo _____ y _____. (honestly/sincerely)

Some adverbs can be replaced by <u>con + the corresponding noun</u>. These are the most common:

con cuidado	*with care, instead of carefully*
sin cuidado	*without care, instead of carelessly*
con cariño	*with affection, instead of affectionately*
con dificultad	*with difficulty*
sin dificultad	*without difficulty*
con inteligencia	*with intelligence, instead of intelligently*

☐ EXERCISE 9 — REVIEW

Translate the following into Spanish.

1. My younger brother is ten years old.

_____

2. He understands this chapter, but he doesn't want to learn all the words.

_____

3. I know why his sister wants to go to Spain. Her relatives are there.

_____

4. Every year at Thanksgiving, we cook too much.

_____

5. Juan always loses his gloves.

_____

6. His grandmother is older than his grandfather.

_____

7. The last month of the year is December; the first month is January.

_____

8. We have a good class; we learn a lot.

_____

9. Your book has just arrived.

_____

10. I know that my cat is smarter than your dog.

_____

11. These trees are older than those trees over there.

_____

12. We listen to the same sad songs every day.

_____

13. Do you think that the president of the United States is a great man?

_____

14. Are you coming to our party on Friday? It begins at nine o'clock at night.

_____

15. Carolina is as tall as Enrique; her sister is the tallest of all.

_____

16. This book is the most interesting book in the library.

_____

17. Which is the most dangerous animal in the world?

_____

18. I am the only person in the family who knows how to play tennis. Sometimes I win; sometimes I lose.

_____

□ EXERCISE 10

Translate the following into English.

1. El señor Gómez hace su trabajo con dificultad.

_____

2. Ella habla sinceramente, y su amigo responde humildemente.

_____

3. Esta mujer siempre explica todo claramente.

_____

4. Francamente, no quiero salir esta noche. Prefiero leer y escribir tranquilamente.

_____

5. Bernardo va siempre al mismo restaurante. Él piensa que es el mejor restaurante de la ciudad.

_____

LA CITA

La sala de espera de este doctor es muy grande porque trabaja solo. Debe tener mucho éxito porque tiene tres secretarias que contestan sus llamadas, hacen las citas, dan consejos sobre los seguros médicos y organizan su horario. Confieso que la sala de espera es común; tiene una mesa como cualquier otra, con revistas de moda para las mujeres y revistas de deportes para los hombres. Hay una mesita con una lámpara en cada rincón del cuarto. Son las dos menos quince. Tomo asiento y escojo una de las revistas.

Un hombre amable entra. Él debe tener la primera cita de la tarde. En seguida, una viejecita llega con su hija y toman asiento cerca de mí. Logro escuchar su conversación. La madre tiene dolor de cabeza; su hija no camina bien. Un hombre con el brazo roto entra; después, un muchacho que tiene problemas con el tobillo, una mujer con dolor del cuello y de la espalda, y un hombre simpático con dolor del estómago. Algunos están tranquilos, pero la mayoría de ellos están inquietos. Miran sus relojes a menudo; tratan de leer pero no pueden; tratan de hacer conversación para pasar el tiempo. Mientras tanto, la gente llega y llega y llega. Parece que no va a caber ninguna persona más en la sala pequeña. Pero vienen más y más hasta llenar todo el cuarto con pacientes.

Son las dos y media. Por fin, el doctor emerge de su oficina. La secretaria empieza a leer los nombres que están en su lista. Al escuchar su nombre, cada persona desaparece en la oficina por un rato, sale del consultorio, hace otra cita antes de volver a casa. Sigue así toda la tarde.

La secretaria ve que todavía estoy aquí. Tenemos esta conversación:

La secretaria: ¿Cuál es su nombre?
Yo: Me llamo Isabel.
La secretaria: ¿Cuál es su apellido?

Yo:	Pereira. Mi apellido es Pereira.
La secretaria:	Pero su nombre no aparece en la lista.
Yo:	No tengo una cita hoy. Estoy bien de salud.
La secretaria:	¿Quiere Ud. hacer una cita?
Yo:	No, estoy bien, gracias.
La secretaria:	La oficina cierra a las seis. Ud. tiene que salir.
Yo:	Está bien.

Verbos

aparecer	*to appear*
caber	*to fit*
confesar	*to confess*
desaparecer	*to disappear*
emerger	*to emerge*
escoger	*to choose*
lograr	*to achieve, to succeed in (+ infinitive)*
llenar	*to fill*
ver	*to see*

Expresiones verbales

dar consejos	*to give advice*
estar tranquilo	*to be calm*
estar inquieto	*to be nervous, fidgety*
parece	*it seems*
al escuchar	*upon listening, upon hearing*
sigue así	*it continues in this way*

Nombres

el apellido	*the last name, surname*
la cita	*the appointment*
el consultorio	*the doctor's office*
el horario	*the schedule*
la llamada	*the phone call*
la mayoría	*the majority*
la moda	*the style, fashion*

el nombre	*the name*
el paciente	*the patient*
el personaje	*the character*
el reloj	*the watch*
el rincón	*the corner*
la sala de espera	*the waiting room*
la secretaria	*the secretary*
los seguros médicos	*medical insurance*

Expresiones

al principio	*at the beginning*
al final	*at the end*
a menudo	*frequently*
antes de + *infinitive*	*before (doing something)*
como cualquier otra	*like any (whatever) other*
en seguida	*right away*
mientras tanto	*meanwhile*
por fin	*at last*
por un rato	*for a little while*

Adjetivos

común	*common*
roto	*broken*
solo	*alone*

Preguntas

1. ¿Cuál es el nombre del personaje principal?

2. ¿Cómo es la sala de espera?

3. ¿Cómo están los pacientes?

4. ¿Qué pasa a las dos y media?

5. ¿Cómo puede ser la sala grande al principio del cuento y pequeña al final?

6. Si Isabel no tiene una cita con el doctor y si no está enferma, ¿por qué está ella en la oficina del doctor?

LA FIESTA

Esta noche hay una fiesta en la casa de una conocida. Tengo la invitación encima del piano que ya no toco. No sé si quiero ir. La fiesta empieza a las ocho. Pienso que los invitados van a llegar a las nueve. (No sé porque las invitaciones siempre llevan la hora equivocada. Si ella sabe que vamos a llegar después de las nueve, ¿por qué escribe que empieza a las ocho?)

¿Cómo imagino la fiesta? Primero hay música. Con mucho cuidado, los anfitriones ponen música alegre. La casa está limpia y hay entremeses y bocadillos en la mesa. Hay mucho que beber también: vino y cerveza, vodka y tequila. Hay soda y gaseosa, agua mineral y jugo para la gente que no quiere tomar alcohol. Después de mucha preparación, todo está listo.

Al entrar, los invitados sonríen y ponen las botellas de vino que llevan consigo en la mesa. La gente empieza a hablar, un poquito al principio, y mientras que toman, hablan más y más y en voz más y más alta. Ponen la música en alto volumen y algunas parejas empiezan a bailar. Las personas que saben la letra de las canciones cantan. Todo el mundo está muy alegre. Pasan unas horas y la anfitriona va a la cocina. Apagan las luces; ella vuelve con una torta de chocolate con velas y todos los amigos cantan 'Cumpleaños Feliz.'

Voy a mi alcoba a mirar mi vestuario. Mi cuarto es muy tranquilo, con una brisa que viene del mar. Las paredes son de un color azul celeste que produce calma. El ambiente es relajante, un ambiente de quietud. Es una habitación cómoda donde descanso, leo, y miro la televisión todas las noches. Son las ocho ya. Va a empezar mi programa favorito en media hora.

Verbos

apagar	*to turn off*
al entrar	*upon entering*
imaginar	*to imagine*
sonreír	*to smile*

Nombres

el ambiente	*the atmosphere*
el anfitrión, la anfitriona	*the host*
la botella	*the bottle*
la brisa	*the breeze*
el bocadillo	*the snack*
la conocida	*the acquaintance*
el entremés	*the appetizer*
el invitado	*the guest*
la letra	*the words (in a song)*
la pareja	*the couple*
la soda, la gaseosa	*the soda*
la vela	*the candle*
el vestuario	*the closet, wardrobe*

Preposiciones

acerca de	*about*
encima de	*on top of*

Expresiones

la hora equivocada	*the wrong hour*
consigo	*with themselves*
en alto volumen	*loudly*

Preguntas

1. ¿A qué hora empieza la fiesta?

2. ¿Cuál es la actitud de Isabel acerca de la fiesta después de recibir la invitación?

3. ¿Toca ella su piano?

4. ¿Dónde tiene lugar la fiesta?

5. ¿Qué hace la gente en la fiesta?

6. ¿Piensa Ud. que ella va a ir a la fiesta?

CHAPTER 9

NEGATIVES and PREPOSITIONS

Negatives

You already know how to make a sentence negative by placing **no** directly before the first verb.

Yo canto.	*I sing.*
Yo **no** canto.	*I don't sing.*
Yo **no** quiero cantar.	*I don't want to sing.*

The following list of negative words adds to this base. Learn the affirmative words also.

Nada	*nothing*	**algo**	*something*
Nadie	*no one*	**alguien**	*someone*
Nunca	*never*	**a veces**, **algunas veces**	*sometimes*
Jamás	*never*	**siempre**	*always*
Ninguno	*not one*	**alguno**	*some*

- **Nada** -- *nothing*

  To form a negative sentence, **no** precedes the first verb and **nada** follows the verb.

No tengo **nada** en mi bolsa.	*I have nothing in my bag.*
Ella **no** entiende **nada.**	*She doesn't understand anything.*
¿Tienen Uds. algo para ella?	*Do you have something for her?*
No, **no** tenemos **nada.**	*No, we have nothing.*

If you have two verbs in the sentence, **no** precedes the first verb and **nada** follows the second verb.

Ella **no** quiere hacer **nada.**	*She doesn't want to do anything.*
No vamos a escribir **nada.**	*We are not going to write anything.*

---

algo can sometimes be used as an adverb to mean *somewhat*.

El libro es algo interesante.   *The book is somewhat interesting.*

nada can be used as an adverb to mean *not at all*.

El libro no es nada interesante. *The book is not interesting at all.*

A word about the negatives

You can see that Spanish, unlike English, uses a double negative. In fact, a Spanish sentence can include three or four negatives; the more negatives you use, the more negative the sentence becomes.

- **Nadie** -- *no one*
  No precedes the verb and **nadie** follows it.

¿Hay alguien aquí?	*Is there someone here?*
No, **no** hay **nadie.**	*No, there is no one.*
No viene **nadie** a mi fiesta.	*No one is coming to my party.*

Nadie can also be placed directly before the first verb. In this case **no** is not used.

Nadie quiere cocinar esta noche.	*No one wants to cook tonight.*
Nadie sabe donde está el tren.	*No one knows where the train is.*

- **Nunca** and **jamás** -- *never*
  No precedes the verb and **nunca** or **jamás** follows it. Both words mean *never*.

Ella **no** habla **nunca**; es muy tímida.	*She never talks; she is very shy.*
Él **no** baila **jamás.**	*He never dances.*

Nunca and **jamás** can also be placed directly before the first verb with no change in the meaning.

El niño **nunca** practica el piano.	*The boy never practices the piano.*
Jamás bebo café con azúcar.	*I never drink coffee with sugar.*

- **Ninguno** -- *not one, no*
  No precedes the verb and **ninguno** follows it.

Ninguno is the only adjective of these negative expressions. This means that it agrees in number and gender with the noun it modifies. **Ninguno** shortens to **ningún** before a masculine singular noun. **Ninguno** is not used in the plural unless the noun it modifies is always used in the plural, such as **vacaciones.**

No hay **ningún** hotel en esta ciudad.	*There is no hotel in this city.*
No tenemos **ninguna** idea.	*We have no (not one) idea.*
No tenemos **ningunas** vacaciones en agosto.	*We don't have any vacation in August.*

Ninguno may also precede the noun without the double negative.

Ningún muchacho va a la playa.	*Not one boy is going to the beach.*
Ninguna persona llega tarde para la clase.	*Not one person arrives late for the class.*

☐ EXERCISE 1

Answer the following questions with the negative.

Example: ¿Entiende ella todo?
No, ella no entiende nada.

1. ¿Aprenden Uds. algo en México? No, _____.

2. ¿Cuántas personas van a su fiesta? _____.

3. ¿Escuchas siempre las noticias? No, _____.

4. ¿Tienen ellos muchos enemigos? No, _____.

5. ¿Hay un hospital aquí? No, _____.

6. ¿Vas a viajar? No, _____.

7. ¿Es la película algo cómica? No, _____.

8. ¿Bailas a veces? No, _____.

MORE NEGATIVE EXPRESSIONS

No...ni...ni -- *neither...nor*
  Él **no** fuma **ni** cigarrillos **ni** cigarros.
  Ella **no** compra **ni** revistas
    ni periódicos.

He smokes neither cigarettes nor cigars.
She buys neither magazines nor
newspapers.

No más que -- *not more than (with numbers)**
  Él **no** tiene **más que** cien dólares
  en el banco.

He doesn't have more than one
hundred dollars in the bank.

Tampoco -- *neither, either*
  Ella nunca va al cine.
  Yo **no** voy **tampoco.**

She never goes to the movies.
I don't go either.

Ni.....tampoco -- *not....either*
  Él no entiende la lección.
  Ni yo **tampoco.**

He doesn't understand the lesson.
Neither do I.

---

*In the affirmative: Él tiene <u>más de</u> cien dólares en el banco.
    He has more than 100 dollars in the bank.

Sino -- *but rather*
Sino is used in the second clause of a sentence in which the first clause is negative.

Yo no soy profesor, **sino** estudiante.   *I am not a teacher, but rather a student.*
Ellos no son cubanos, **sino** españoles.   *They are not Cubans, but rather*
                                              Spaniards.
No vendemos, **sino** compramos   *We don't sell, but rather we buy.*

De nada, por nada -- *you're welcome, think nothing of it*
No hay de que -- *you're welcome, don't mention it*

Gracias por el regalo. **De nada.**   *Thanks for the gift. You're welcome.*
No hay de que.

Ya no -- *no longer*
Ella **ya no** quiere trabajar.   *She no longer wants to work.*

Ahora no -- *not now*
¿Puede Ud. pagar la cuenta?   *Can you pay the bill?*
Ahora no.   *Not now.*

Todavia no -- *not yet*
¿Están Uds. listos? **Todavía no.**   *Are you ready? Not yet.*

Ni siquiera -- *not even*
Él **ni siquiera** sabe escribir.   *He doesn't even know how to write.*

Sin + infinitive + **nada** -- *without + gerund + anything*
Él contesta **sin** saber **nada.**   *He answers without knowing anything.*

No es para tanto -- *it's not such a big deal*

Casi nunca -- *almost never, hardly ever*

Más que nada -- *more than anything*

Nada más -- *nothing more, that's all*

Unlike English, the more negatives you use, the more negative the sentence becomes:
No recibo **nunca ninguna** carta de **nadie.**   *I never receive any letter from anybody.*
Él **jamás** pide **nada** a **nadie.**   *He never asks anything of anybody.*
Ellos **no** quieren viajar **nunca jamás.**   *They don't want to travel ever again.*

□ EXERCISE 2

Change each of the following sentences to its negative.

Example: Yo como siempre.

Yo no como nunca.

1. Yo tengo más de treinta dólares en mi cartera._____.

2. Siempre estamos contentos. _____.

3. Hago mucho hoy. _____.

4. Ellos van al cine. Quiero ir también. _____.

5. Este programa es algo interesante. _____.

6. ¿Hay alguna farmacia aquí? _____.

7. ¿Quieres tomar algo? _____.

8. ¿Tiene ella muchas amigas? _____.

9. El novio siempre limpia el apartamento. _____.

10. Ella estudia todo el tiempo. _____.

11. Muchas mujeres quieren bailar con él. _____.

12. Alguien vive en la casa blanca. _____.

□ EXERCISE 3 — ORAL

Answer the following questions orally using a negative expression.

1. No quiero ir al cine con Luisa. ¿Quieres ir tú?

2. ¿Quién cocina para Ud?

3. ¿Es el programa algo interesante?

4. Ellos siempre van de vacaciones en el verano. ¿Y Ud?

5. ¿Con quién hablas a las seis de la mañana?

6. ¿Por qué siempre corres al tren?

Prepositions

A preposition is a word or words that relate other words to another element in the sentence. You already know the most commonly used prepositions.

a	*at, to*
con	*with*
de	*of, from, about*
en	*in, on*
para	*for, in order to*
sin	*without*

In general, prepositions are followed by nouns, by pronouns, or by the infinitive of the verb.

- A preposition followed by a noun:
  Él tiene un libro **para la clase**.   *He has a book for the class.*

- Followed by a pronoun:
  El libro es **para ella**.   *The book is for her.*

- Followed by the <u>infinitive</u> of the verb:
  Ella estudia **para aprender**.   *She studies in order to learn.*
  Él habla **sin pensar**.   *He speaks without thinking.*

The infinitive, which follows a preposition in Spanish, is often translated with the English gerund (thinking, for example). In Spanish, this verb is always the infinitive. (to think)

- Prepositions that frequently take verbs and nouns:

Antes de -- *before*
Antes de nadar, ella quiere comer.   *Before swimming, she wants to eat.*
Antes de la clase, ellos estudian.   *Before the class, they study.*

Después de -- *after*
Después de correr, ellos tienen sed.   *After running, they are thirsty.*
Después de la comida, él va a casa.   *After the meal, he goes home.*

En vez de -- *instead of*
En vez de correr, él prefiere caminar.   *Instead of running, he prefers to walk.*

Además de -- *in addition to*
  Además de ser valiente, ella es simpática.   *In addition to being brave, she is nice.*

A pesar de -- *in spite of*
  A pesar de estar enfermo, él va al trabajo.   *In spite of being sick, he goes to work.*

- Prepositions followed by nouns or pronouns:

Contra	*against*
Durante	*during*
Entre	*between, among*
Excepto	*except*
Hacia*	*toward*
Salvo	*except*
Según	*according to*
Sobre**	*above, on top of, about (a theme or topic)*
Hasta	*until*
Desde***	*since, from: a point of departure in place or time*

* **Hacia** can be combined with an adverb with the following meanings.

hacia atrás	*toward the rear*
hacia adelante	*toward the front*
hacia arriba	*upward*
hacia abajo	*downward*

****Sobre** means *on top of, about* a theme or topic; it can also mean *about* meaning *approximately.*

El sartén está sobre la estufa.	*The pan is on top of the stove.*
El autor escribe sobre la historia.	*The author writes about history.*
Vamos al cine sobre las ocho.	*We are going to the movies about eight o'clock.*

*** **Desde** means *from* if you have a specific point of departure as to <u>place</u> or <u>time</u>.

Veo el río desde mi ventana.	*I see the river from my window.*
Ella trabaja desde las siete de la mañana hasta las tres de la tarde.	*She works from seven o'clock in the morning until three in the afternoon.*

- Simple and compound prepositions which are followed by nouns or pronouns:

Al lado de	*next to*
Alrededor de	*around*
Cerca de	*near*
Debajo de	*underneath*
Bajo	*under (more figurative than debajo de)*
Delante de	*before, in front of (physical location)*
Ante	*before, in front of, in the presence of*
Dentro de	*inside of*
Detrás de	*behind*
Tras	*after (in a set of expressions)*
Encima de	*on top of*
Enfrente de, frente a	*in front of, opposite, facing, across from*
Fuera de	*outside of*
Junto a, pegado a	*close to, right next to*
Lejos de	*far from*

Pronouns which follow prepositions

You have already learned that the <u>subject pronouns</u> follow prepositions:

para él	*for him*	para ellos	*for them*
para ella	*for her*	para ellas	*for them*
para Ud.	*for you*	para Uds.	*for you*
para nosotros	*for us*		
para vosotros	*for you*		

The only exceptions appear in the first person and second person singular:

para **mí**	*for me*
para **ti**	*for you*

Note the use of **tú** and **yo** in the following exceptions:

entre tú y yo	*between you and me*	menos tú y yo	*except you and me*
excepto tú y yo	*except you and me*	según tú	*according to you*
incluso yo	*including me*	salvo yo	*except me*

The only preposition that combines with the pronoun, **con:**

conmigo	*with me*
contigo	*with you*
consigo	*with yourself, with himself, with herself, with themselves*

POR

Por has the following meanings:

- *through, by*

El ladrón sale por la ventana.	*The robber leaves through the window.*
Preferimos viajar por avión.	*We prefer to travel by plane.*
Él manda mensajes por correo electrónico.	*He sends messages by e-mail.*

- *because of, on account of, for the sake of, out of*

La planta es verde por la clorofila.	*The plant is green because of the chlorophyll.*
Él está triste por el mal clima.	*He is sad because of the bad weather.*
Ella no quiere hablar por miedo.	*She doesn't want to talk out of fear.*
Ellas aprenden bien por tí.	*They learn well because of you.*

- *in exchange for; in place of (suggests a substitution)*

Pago diez dólares por este vestido.	*I pay $10 (in exchange) for this dress.*
El estudiante enseña por el profesor.	*The student teaches (instead of) for the teacher.*

- *per*

Él gana quinientos dólares por semana.	*He earns $500 per week.*
Recibe mil doscientos dólares por mes.	*He receives $1,200 per month.*

- *for (before a period of time)*

Cada día, corro por una hora.	*Each day, I run for an hour.*
Cada noche, leo por media hora.	*Each night, I read for a half hour.*
Ella tiene ganas de estudiar el español por dos años.	*She wants to study Spanish for two years.*

- *adds the idea of motion to the prepositions of location*

El niño corre por debajo de la mesa.	*The child runs under the table.*
El gato salta por encima del sofá.	*The cat jumps over the sofa.*

- *appears in some common expressions*

por acá, por aquí	*around here*
por allá, por allí	*around there*
por ahora	*for now*
por casualidad	*by chance*
por lo común	*usually*
por costumbre	*usually*
por ejemplo	*for example*
por eso	*therefore, for this reason*
por favor	*please*
por fin	*finally*
por lo menos	*at least*
por poco	*almost*
por primera vez	*for the first time*
por supuesto	*of course*
por todas partes	*everywhere*
por la mañana	*in the morning (imprecise time)*
por la tarde	*in the afternoon*
por la noche	*in the evening*

Por and para compared

- Remember that **para** means *for:*

El regalo es para su hijo.	*The gift is for her son.*
Tengo una pregunta para ella.	*I have a question for her.*

- **Para** is also used to express a **specific** time limit or deadline in the future. In this context, it can be translated as *for, by, on,* or *before.*

Necesito la blusa para el viernes.	*I need the blouse for Friday.*

- **Por** is translated as a simple *for* only when **por** precedes a quantity of time:

Voy a viajar por varios meses.	*I am going to travel for several months.*
Ella mira televisión por una hora.	*She watches television for an hour.*
Dormimos por ocho horas cada noche.	*We sleep for eight hours every night.*

- With the exception of the English translation *for,* the meanings of **por** and **para** do not overlap. Again, **por** means *for* only when it precedes a period of time. **Para** means *for* in almost all other cases:

Queremos una habitacion para dos personas por una noche.	*We want a room for two persons for one night.*
El tren sale para el Canadá.	*The train is leaving for Canada.*

☐ EXERCISE 4

Complete the sentences with the correct preposition and pronoun in parenthesis.

1. ¿Quieres salir _____a las cinco? (with me)

2. No quiero salir _____. (without you)

3. ¿Tiene Ud. confianza _____? (in him)

4. Ella lleva su bolsa _____. (with her)

5. Este regalo es _____. (for them)

6. _____ ¿quién cocina mejor? (between him and her)

7. _____, esta película es horrible. (between you and me)

8. Los niños corren _____. (toward us)

9. El hombre quiere hablar _____, pero yo no quiero hablar
   _____. (with me/with him)

10. Hay una estatua _____. (near him)

11. Julia no quiere tocar el piano _____. (in front of them)

12. Primero, ella quiere practicar_____. (in front of us)

13. Este hombre siempre está sentado_____. (behind her)

14. La familia de Pedro vive _____pero vive _____.
    (far from him/near me)

☐ EXERCISE 5

Complete the sentences with the words in parenthesis.

1. _____, las muchachas van a practicar el piano.
   (before lunch)

2. _____, quieren mirar televisión. (after dinner)

3. _____, vamos a la playa. (after eating)

4. _____a su trabajo, ella toma su desayuno.
   (before going)

5. _____ temprano, ella llega tarde.
   (in spite of leaving)

6. El muchacho baila _____ la música. (without listening)

7. Ella estudia _____. (in order to learn)

8. ¿Están las llaves _____ la ventana o _____
   la puerta? (underneath/on top of)

9. Vamos al teatro que está _____ la tercera avenida. (near)

10. El padre corre _____ su hija. (toward)

11. ¿Cuándo sale el tren _____ Madrid? (for)

12. Hay muchos árboles _____ la casa lujosa. (behind)

13. La radio habla _____ la situación mundial. (about)

14. Tomás va a estar de viaje _____ seis meses. (for)

15. No quiero hablar _____ la clase. (in front of)

16. Vamos al cine una vez _____ semana. (per)

17. Ellos prefieren viajar _____ tren _____ tres horas. (by/for)

18. El rió está _____ las montañas. (far from)

19. Ella no quiere ir a Alaska _____ el frío. (because of)

20. Practico el piano _____ tocar bien. (in order to)

□ EXERCISE 6

Translate the following sentences into English.

1. Ella nunca habla contra sus amigos. _____

2. Los zapatos de Sara están debajo de su cama. _____

3. Australia está lejos de los Estados Unidos. _____

4. La escuela está entre la iglesia y el banco._____

5. Puedo ver el río desde mi ventana._____

6. Ella duerme ocho horas cada noche. Ella duerme desde las once hasta las siete.

_____

7. Bajo la ley, ¿quién tiene protección?_____

8. Pongo un libro encima del otro. _____

9. Antonio nunca canta sin nosotros. _____

10. El testigo tiene que aparecer ante el juez._____

11. Los niños hablan mucho de la película._____

12. El autor escribe sobre la historia y los derechos humanos._____

_____

13. El cine está lejos del mercado. _____

☐ EXERCISE 7
Translate the following into Spanish.

1. I enter the store through the door._____

2. Everyone wants to go except Samuel. _____

3. All the men dance except Pablo. _____

4. My garden is next to my neighbor's garden._____

5. We walk toward the park._____

6. There is a bus stop in front of Laura's house. _____

7. According to the news, a lot of people are not going to vote.

_____

8. There are comfortable chairs around the swimming pool.

_____

9. Day after day, they work a lot. _____

10. James' house is behind the school. _____

11. Are you going to study for the test? _____

12. She doesn't want to travel out of fear. _____

📖 READING COMPREHENSION *El Circo*

Aunque ella tiene cuarenta años, mi amiga Leonora quiere trabajar en un circo. Es verdad que ella es soltera y maestra y tiene el verano libre pero no entiendo por qué ella no quiere ir al Caribe o a cualquier sitio relajante. Ella piensa que va a ser una gran aventura. Hay una gira del circo por el noreste de los Estados Unidos y ella va a pasar todo el verano con ellos.

Yo soy soltera también y tengo el verano libre, pero no tengo el menor interés en el circo. ¡Es absurdo! ¿Qué hay que hacer en un circo? Según Leonora, ella va a vender tiquetes por la mañana. Después de almorzar, va a mirar algunos ensayos y a hablar con los trapecistas. Desde las dos de la tarde hasta las siete, ella y sus colegas van a vender más tiquetes por teléfono y en persona. A eso de las ocho de la noche, al escuchar la música que indica que el circo va a empezar, Leonora va a cerrar la oficina y salir para ir a ver la función. El colmo es que va a ganar solamente trescientos dólares por semana. Ella sale mañana. Por mi parte, prefiero pasar el verano aquí. Es bonito, hace buen tiempo, y tengo otras amigas. De todos modos, ella va a volver pronto.

aunque	*although*	el interés	*the interest*
el circo	*the circus*	libre	*free (as in time)*
el colega	*the colleague*	el noreste	*the northeast*
el colmo	*the limit*	qué hay que hacer	*what is there to do*
de todos modos	*anyway*	el sitio	*the place*
el ensayo	*the rehearsal*	soltera	*single*
la gira	*the tour*	el tiquete	*the ticket*
indicar	*to indicate*	el trapecista	*the trapeze artist*

Nombres

la caja	*the box*	las noticias	*the news*
el correo	*the post office*	la parada	*the bus stop*
los derechos humanos	*the human rights*	la película	*the film*
el (la) juez	*the judge*	el testigo	*the witness*
la ley	*the law*	el vecino	*the neighbor*

Nature

La Naturaleza

el alba (f)	*the dawn*	las nubes	*the clouds*
el cielo	*the sky*	el ocaso	*the sunset*
la colina	*the hill*	la puesta del sol	*the sunset*
el desierto	*the desert*	el océano	*the ocean*
la estrella	*the star*	el relámpago	*the lightning*
la inundación	*the flood*	el río	*the river*
el lago	*the lake*	el sol	*the sun*
la lluvia	*the rain*	el temblor	*the tremor*
la luna	*the moon*	la tempestad	*the storm*
la madrugada	*the dawn, early morning*	el terremoto	*the earthquake*
el mar	*the sea*	la tierra	*the earth*
las montañas	*the mountains*	la tormenta	*the storm*
el monte	*the hill*	el trueno	*the thunder*
la nieve	*the snow*	el viento	*the wind*

Weather expressions

¿Qué tiempo hace?	*What's the weather like?*
Hace buen tiempo.	*The weather is good.*
Hace mal tiempo.	*The weather is bad.*
Hace calor.	*It's hot.*
Hace frío.	*It's cold.*
Hace fresco.	*It's cool*
Hace sol.	*It's sunny.*
Hace viento.	*It's windy.*
Hay estrellas.	*The stars are out.*
Hay luna.	*The moon is out.*
Hay neblina.	*It's foggy.*
Hay nubes.	*It's cloudy.*
Hay polvo.	*It's dusty.*
Hay lodo.	*It's muddy.*

☐ EXERCISE 8 — ORAL

Answer the following questions.

1. No comemos a las siete. ¿A qué hora comen Uds?
   Oral: **Comemos a las ocho .**

2. Los libros no están en la mesa, sino en el piso. ¿Por qué están los libros en el piso?

3. ¿Qué haces por costumbre los sábados por la noche?

4. Después de hacer ejercicio, ¿en qué parte del cuerpo tienes dolor?

5. ¿Vive Ud. en un apartamento o en una casa? ¿En qué piso vive?

6. ¿Quiere Ud. viajar o prefiere Ud. ahorrar su dinero?

7. Si Ud. tiene hambre, ¿qué come? Si Ud. tiene sed, ¿qué bebe?

8. Enrique tiene ocho años. Su hermano tiene diez años y su hermana tiene doce. ¿Quién es el mayor de su familia?

9. ¿Va Ud. a la playa en el verano?

10. ¿Qué haces tú si tu amigo quiere ir a un restaurante en particular y quieres ir a otro?

☐ EXERCISE 9 — REVIEW

Regular and irregular verbs. Complete the sentences with the correct conjugation of the verbs in parenthesis.

1. Él no _____ jugo de naranja; _____ jugo de manzana.
   (to drink/to drink)

2. El niño no _____ bien el piano, porque no _____ nunca.
   (to play/to practice)

3. No _____ ningún buen hotel en la ciudad. (there is)

4. ¿_____ Uds. al campo con sus primos el domingo? (to be going)

5. Yo _____ que él va a _____ un buen abogado si él estudia.
   (to know/to be)

6. Fernando _____ a Nueva York. ¿Cuántos amigos de él

   _____ en la ciudad? (to want to go/to live)

7. Yo _____ mi casa casi todos los días. No _____ limpiar

   mi casa los sábados. (to clean/have to)

8. Los dos amigos quieren _____ de fumar. (to stop)

9. ¿Cuál _____ su número de teléfono? (to be)

10. Nosotros _____ que el primo de Carlos _____ con nuestro

    hermano. (to know/to be)

11. La clase _____ a las seis. Nosotros _____ de la clase

    a las ocho. (to begin/to leave)

12. En la clase, estudiamos mucho y _____ la lección. (to understand)

13. ¿Dónde _____ las llaves que tú siempre pierdes? (to be)

14. ¿Quién _____ contestar las preguntas? (to be able)

15. La verdad es que ella _____ bien, pero nunca

    _____. (to try to cook/to have success)

16. ¿Qué _____ Ud. durante el día? (to do)

17. Toda la familia _____ a España todos los años. (to travel)

18. Ella _____ el piano y él _____ la flauta.

    Los domingos _____ al béisbol. (to play/to play/to play)

19. ¿Quién _____ la cuenta? (to be going to pay)

20. Mi amiga está en Portugal y no quiere _____ a los Estados Unidos.
    (to return)

21. Mi amiga _____ dolor de estómago. ¿Piensa Ud. que _____

    a un médico? (to have/ought to go)

22. El carro de Juan es viejo. Él va a_____otro. (to buy)

23. ¿_____ a mi casa el sábado? ¿Qué quieres _____

para el desayuno? (to come/to have)

24. Si nadie quiere _____, ¿por qué tanta gente va a la playa?
(to swim)

25. Ellos _____en el maratón cada año en Boston. (to run)

☐ EXERCISE 10 — REVIEW
Prepositions and verbs. Complete these sentences with the words in parenthesis.

1. _____, las muchachas van a practicar la canción.
   (before singing)

2. _____, Raul quiere ir al cine. (after resting)

3. _____ a las ocho, salimos a las seis y media.
   (in order to arrive)

4. _____, vamos a la playa. (after eating)

5. ¿Va ella a la fiesta _____enferma todo el día? (after being)

6. Enrique baila _____la música. (without listening)

7. _____ duro, este hombre no tiene éxito.
   (in spite of working)

8. Ellos leen el periódico _____al trabajo. (before going)

9. _____algunas cervezas, Uds. deben comer algo.
   (before having)

10. _____su tarea, el estudiante decide jugar.
    (instead of doing)

11. Ella quiere viajar _____seis meses. (for)

12. Voy a pasar _____la ciudad antigua en mayo. (through)

13. Necesito una habitación _____una persona_____tres días.(for/for)

14. El tren sale_____México mañana, pero ella prefiere viajar _____avión. (for/by)

☐ EXERCISE 11 — REVIEW
Numbers, telling time, adverbs, prepositions and comparisons. Complete the following sentences using the words in parenthesis.

1. Mi primo vive entre la _____y la _____avenida. (sixth/seventh)

2. Él llega _____si camina_____. (rapidly/to the left)

3. ¿Por qué vive ella en el _____piso? (eighth)

4. _____el _____tren llega de Los Angeles. (at 10:45/third)

5. Hay un buen restaurante en la calle_____ con la _____ avenida. (34th/third)

6. Ella siempre pierde sus llaves. _____ están _____ su mesa. _____están_____el carro. (at times/underneath/frequently/in)

7. Su hermana_____nunca lee el periódico y nunca sabe nada. (older)

8. Mi hermano_____ está feliz porque nuestra tía viene de Texas. (younger)

9. Si estoy en la _____avenida, ¿debo ir _____, _____, o _____para llegar a la librería? (seventh/to the right/to the left/straight ahead)

10. Los domingos, mi amiga duerme _____. (until 11:00 a.m.)

11. Mi amigo no trabaja los domingos, pero su trabajo empieza _____ los lunes. (at 8 a.m.)

12. La película empieza _____esta noche. (at 7:45)

13. Ella es _____ mujer de la familia que va a una universidad. (the first)

14. Las calles de México son _____ que las calles de España. (narrower)

15. Carla es _____ su hermano, pero su hermano es _____ ella. (taller than/older than)

16. El doctor piensa que el pollo es bueno, pero el pescado es _____ para la salud del paciente. (better)

17. El niño está triste pero su madre está _____ él. (sadder than)

18. Ella vive con sus tres hermanos _____. (younger)

19. Sara va al gimnasio porque quiere ser _____ su _____ amiga. (stronger than/best)

20. ¿Cuál es la _____ película del año? (worst)

☐ EXERCISE 12 — REVIEW

Translate the following into Spanish.

1. My niece is going to be 13 years old next week.

   _____

2. The girls are hungry and thirsty and no one knows how to cook.

   _____

3. Not one child wants to go to the dentist. I don't know why everyone is afraid to go.

   _____

4. The film begins at eight o'clock. We have to arrive at seven-thirty.

   _____

5. She thinks that he ought to try to run every day in order to be stronger.

   _____

6. She always goes to Las Vegas in the winter. She loses frequently. But today she is lucky and wins one hundred dollars. _____

_____

7. That church is old. It is much older than this temple.

_____

8. I try to speak with my friends in Spanish. I have to learn a lot. I should study every morning.

_____

9. Carla spends a lot of time in the store. She looks at the clothes, but she leaves without buying anything._____

_____

10. How many earthquakes are there in California each year?

_____

11. ¿Who is here? It is I.

_____

12. George is a good man.

_____

13. Elena and her friends are intelligent.

_____

14. His grandmother and grandfather are happy because their grandchildren are well.

_____

☐ EXERCISE 13

Fill in the blanks with the translations of the following infinitives from Part I.

Abrir _____

Acabar de _____

Aceptar _____

Ahorrar _____

Almorzar _____

Apagar _____

Aparecer _____

Aprender _____

Arreglar _____

Bailar _____

Bajar _____

Beber _____

Cambiar _____

Caminar _____

Cantar _____

Celebrar _____

Cerrar _____

Comer _____

Compartir _____

Cocinar _____

Comprar _____

Contestar _____

Correr _____

Cruzar _____

Deber _____

Decidir _____

Dejar de _____

Descansar _____

Describir _____

Devolver _____

Dibujar _____

Doblar _____

Dormir _____

Empezar _____

Encontrar _____

Entender _____

Entrar _____

Escribir _____

Escuchar _____

Estar _____

Estudiar _____

Explicar _____

Firmar _____

Fumar _____

Ganar _____

Hablar _____

Ir _____

Jugar _____

Leer _____

Limpiar _____

Llegar _____

Llenar _____

Llevar _____

Llorar _____

Manejar _____

Marcar _____

Mentir _____

Meter _____

Mirar _____

Nadar _____

Necesitar _____

Oír _____

Parar _____

Pasar _____

Pensar _____

Perder _____

Pintar _____

Poder _____

Poner _____

Practicar _____

Preferir _____

Prender _____

Preparar _____

Querer _____

Repasar _____

Recibir _____

Recordar _____

Regresar _____

Repetir _____

Romper _____

Saber _____

Salir _____

Seguir _____

Ser _____

Servir _____

Sonreír _____

Subir _____

Tener _____

Tener que _____

Terminar _____

Tirar _____

Tocar _____

Tomar _____

Trabajar _____

Tratar de _____

Usar _____

Vender _____

Venir _____

Ver _____

Viajar _____

Volver _____

Votar _____

EL TRABAJO

No voy al trabajo hoy, ni mañana, ni pasado mañana. No tengo ganas. Mi oficina es demasiado oscura. Cuando entro, finjo que estoy bien y que entiendo como funcionan todas las máquinas que están allí, pero en realidad, no entiendo nada. El cambio de un año a otro es impresionante. Ahora no hay espacio ni para mis plantas ni para mis fotos. Hay una computadora encima de la mesa y una impresora entre la máquina de facsímile y la contestadora. El papel está debajo de la mesa; mis plumas y mis lápices están al lado de la computadora. Yo sé que tengo que aprender a usar todo para tener éxito en este nuevo mundo de la tecnología.

Durante el día, si mi jefe quiere hablar conmigo, él no sale de su oficina. (Él está a solo veinte pasos de mi oficina). Ya no habla conmigo cara a cara. ¡No! Él manda un correo electrónico desde su oficina. Ya no escucho su voz bella y expresiva. Ya no viene a mi cuartito para conversar conmigo, ni discutimos las noticias del día, ni tomamos un café juntos. Ahora él no busca razones para venir a mi oficina.

Son las doce. Ahora él prepara las facturas y los depósitos para la semana. Almuerza rápidamente para volver a su computadora. Casi no descansa. Todos los empleados salen a las cinco, pero él siempre trabaja hasta las seis. Tengo mucho que hacer en la casa, pero si hago un gran esfuerzo, puedo terminar antes de las cinco. Al fin y al cabo, no voy a llamar a la oficina; es mejor ir a saludar a mis colegas.

Verbos

buscar	*to look for*
conversar	*to converse*
discutir	*to discuss*
fingir	*to pretend*
funcionar	*to function, to work*
llamar	*to call*
mandar	*to send*
saludar	*to greet*

Nombres

el cambio	*the change*
la computadora	*the computer*
la contestadora	*the answering machine*
el correo electrónico	*e-mail*
el cuartito	*the little room ('ito' makes the room smaller)*
el depósito	*the deposit*
el empleado	*the worker*
el esfuerzo	*the effort*
el espacio	*the space*
la factura	*the invoice, bill*
la impresora	*the printer*
el jefe	*the boss*
la máquina de facsímile	*the fax machine*
el mundo	*the world*
las noticias	*the news*
la razón	*the reason*
la voz	*the voice*

Expresiones

al fin y al cabo	*after all*
cara a cara	*face to face (in person)*
está a solo veinte pasos	*he is only twenty steps away*
pasado mañana	*the day after tomorrow*
tengo mucho que hacer	*I have a lot to do*
todo lo necesario	*all that is necessary*

Adjetivos

impresionante	*impressive*
oscuro	*dark*

Preguntas

1. ¿Dónde está Isabel al empezar este cuento? ¿Por qué no quiere ir al trabajo?

2. ¿Quiere ella aprender todo lo necesario de la tecnología?

3. ¿Cómo es su relación con su jefe?

4. ¿En qué piensa Isabel durante el día?

5. ¿Qué va a hacer a las cinco?

6. ¿Piensa Ud. que Isabel está contenta?

PART II

Objects
Reflexive verbs
Present Subjunctive

CHAPTER 10

THE INDIRECT OBJECT

Gustar and the indirect object

Gustar means *to be pleasing to* and it is used to express the idea of 'liking' in Spanish.

Me gusta and me gustan

Me is the indirect object which means <u>*to me*</u>.

In Spanish, there is no exact translation of 'I like.' If you want to say, for example:

> English construction: I like this class.

> In Spanish, you say: **Me gusta** esta clase.
> *To me is pleasing this class.*

> **Esta clase** is a singular noun – the subject
> **Gusta** is the verb and agrees with the <u>singular subject</u>
> **Me** is the indirect object – the person to whom the action is occurring

Me gusta la música.	*The music is pleasing to me.*
Me gusta el libro.	*The book is pleasing to me.*
Me gusta esta idea.	*This idea is pleasing to me.*
Me gusta la cerveza.	*The beer is pleasing to me.*
Me gusta el chocolate*	*Chocolate is pleasing to me.*

A word about practicing orally
It is essential to practice orally *me gusta* and all the forms to follow. The more you practice, the more natural it becomes.

*The subjects (la música, el libro, el chocolate, etc) retain the articles (*el, la, los, las*) even if the English *the* is not translated.

- If the <u>subject</u> of the sentence is a <u>plural noun</u>, **gusta** becomes **gustan** to agree with the plural subject.

    English construction: I like the books.

    Spanish construction: **Me gustan** los libros.
                     To me are pleasing the books.

      Los libros is the plural noun – the subject
      Gustan is the verb and agrees with the <u>plural subject</u>
      Me is the indirect object – the person to whom the action is occurring

Me gustan las fiestas.	*The parties are pleasing to me.*
Me gustan los deportes.	*Sports are pleasing to me.*
Me gustan los perros.	*Dogs are pleasing to me.*

- **Me gusta** is also used with <u>verbs as the subject</u>. The verb is the infinitive, no matter what the English translation is. When the infinitive is the subject, the singular **gusta** is used.

    English construction: I like to swim.

    Spanish construction: **Me gusta** nadar.
                     To me is pleasing to swim.

Me gusta comer.	*To eat is pleasing to me.*
Me gusta bailar.	*To dance is pleasing to me.*
Me gusta ir al cine.	*To go to the movies is pleasing to me.*
Me gusta escribir y leer.*	*To write and to read are pleasing to me.*

Gusta remains singular even if it is followed by a series of verbs.
The only forms of *gustar* that you will need are the third person singular, *gusta,* and the third person plural, *gustan.*

- Lastly, to make a sentence negative, simply place **no** before the indirect object.

No me gustan las cucarachas.   *Cockroaches are not pleasing to me.*

No me gusta cocinar.   *To cook is not pleasing to me.*

To review: If the subject of the sentence is a singular noun or a verb, use **gusta:**
                        Me gusta el hotel.
                        Me gusta viajar.
 	
                        If the subject is a plural noun, use **gustan:**
                        Me gustan las vacaciones.
 	
                        If the sentence is negative, place **no** before the indirect object:
                        No me gustan los ratones.

Te gusta and te gustan

Te is the indirect object which means *to you*. When you use **te**, you are speaking in the familiar '**tú**' form.

> English construction: You like his car.
> Spanish construction: **Te gusta** su carro.
>   *To you is pleasing his car.*

- Singular nouns as the subject:

Te gusta mi idea.   *My idea is pleasing to you.*

¿Te gusta la puesta del sol?   *Is the sunset pleasing to you?*

¿Te gusta el teatro?   *Is theater pleasing to you?*

¿Te gusta España?   *Is Spain pleasing to you?*

- Plural nouns as the subject:

Te gustan las flores rojas.   *Red flowers are pleasing to you.*

¿Te gustan las lecciones?   *Are the lessons pleasing to you?*

¿Te gustan tus cursos?   *Are your courses pleasing to you?*

- Verbs as the subject:

Te gusta viajar.	*To travel is pleasing to you.*
Te gusta descansar.	*To rest is pleasing to you.*
Te gusta cantar y bailar.	*To sing and dance is pleasing to you.*

Le gusta and le gustan

Le is the indirect object which means *to him* (a él), *to her* (a ella), or *to you* (a Ud.).

English construction: He likes the wine.
Spanish construction: **Le gusta** el vino.
To him is pleasing the wine.

Because **le** means *to him, to her,* and *to you,* it is impossible to tell if this sentence means:
The wine is pleasing to him.
The wine is pleasing to her.
The wine is pleasing to you.

- In order to clarify this ambiguity, the sentence will begin with a prepositional phrase which clarifies the meaning of the indirect object **le.**

A él le gusta el vino.	*The wine is pleasing to him.*
A él le gusta cantar.	*Singing is pleasing to him.*
A él le gustan los libros.	*Books are pleasing to him.*
A ella le gusta el vino rosado.	*Rosé wine is pleasing to her.*
A ella le gusta escribir cartas.	*Writing letters is pleasing to her.*
A ella le gustan las montañas.	*The mountains are pleasing to her.*
A Ud. le gusta la cerveza.	*The beer is pleasing to you.*
A Ud. le gusta tomar un descanso.	*To take a break is pleasing to you.*
A Ud. le gustan las playas.	*Beaches are pleasing to you.*

- You can also insert proper names and nouns in the prepositional phrase:

A Fernando le gusta la verdad.   *The truth is pleasing to Fernando.*

A María le gusta bailar.   *To dance is pleasing to Maria.*

A Roberto le gustan los carros nuevos.   *New cars are pleasing to Robert.*

- Singular nouns can be inserted in the prepositional phrases:

A la mujer le gusta leer.   *To read is pleasing to the woman.*

Al hombre le gusta cocinar.   *To cook is pleasing to the man.*

Nos gusta and nos gustan

Nos is the indirect object which means *to us.*

> English construction: We like to speak Spanish.
> Spanish construction: **Nos gusta** hablar español.
> *To us is pleasing to speak Spanish.*

Nos gusta la torta de chocolate.   *Chocolate cake is pleasing to us.*

Nos gusta comer en el parque.   *To eat in the park is pleasing to us.*

Nos gustan nuestros maestros.   *Our teachers are pleasing to us.*

Les gusta and les gustan

Les is the indirect object which means *to them* (a ellos, a ellas) and *to you* (a Uds.).

> English construction: They like the film.
> Spanish construction: **Les gusta** la película.
> *To them is pleasing the film.*

Because **les** means *to them* and *to you*, the meaning of this sentence can be:

> *The film is pleasing to them.*
> *The film is pleasing to you. (plural)*

- In order to clarify this ambiguity, the sentence will begin with a prepositional phrase which clarifies the meaning of **les.**

¿A Uds. les gusta el café negro?	*Is black coffee pleasing to you?*
¿A Uds. les gusta el presidente?	*Is the president pleasing to you?*
A ellas les gustan los hoteles.	*Hotels are pleasing to them.*
A ellos les gusta dormir bien.	*To sleep well is pleasing to them.*

- Nouns and proper names can be inserted in the prepositional phrases.

A Sara y Enrique les gusta nadar.	*To swim is pleasing to Sara and Henry.*
A los niños les gustan los juguetes.	*Toys are pleasing to the children.*
A las niñas les gustan las lecciones.	*The lessons are pleasing to the girls.*

- If you want to add emphasis to the constructions of *me gusta* and *te gusta*, add **a mí,** which emphasises **me,** and **a ti,** which emphasises **te.**

A mí me gusta el café.	*Coffee is pleasing <u>to me.</u>*
A ti te gusta el vino.	*Wine is pleasing <u>to you.</u>*

There is no ambiguity in these examples. **A mí** and **a ti** give the feeling of the emphasized pronoun in English: <u>I</u> like coffee.

□ EXERCISE 1 — ORAL
Pronounce the examples aloud so you can become familiar with the sound.

singular subject		*plural subject*
Me gusta el hotel.	Me gusta viajar.	Me gustan los hoteles.
Te gusta la clase.	Te gusta correr.	Te gustan las clases.
Le gusta el libro.	Le gusta escribir.	Le gustan los libros.
Nos gusta la comida.	Nos gusta comer.	Nos gustan las comidas.
Les gusta el programa.	Les gusta leer.	Les gustan los programas.

☐ EXERCISE 2

Complete the sentences by choosing the correct indirect object, as indicated by the prepositional phrases in parenthesis, and either *gusta* or *gustan* by noting whether the subject is singular or plural.

1. (A mí) ___*me gusta*___ el helado.

2. (A él) ___*le gustan*___ las galletas.

3. (A nosotros) ___*nos gusta*___ el postre.

4. (A mí) _____ el café con azúcar.

5. (A ella) _____ el café negro.

6. (A María) _____ el té.

7. (A mí) _____ escribir libros.

8. (A mis amigos) _____ cocinar.

9. (A Susana y a Miguel) _____ viajar.

10. (A ellos) _____ comer en buenos restaurantes.

11. (A mí) _____ ir al teatro.

12. (A ti) _____ ir al cine.

13. (A nosotros) _____ salir los sábados.

14. (A Guillermo) _____ los restaurantes japoneses.

15. (A su amiga) _____ los restaurantes hindúes.

16. (A Uds.) _____ los restaurantes franceses.

17. (A mí) _____ las playas del Caribe.

18. (A ti) _____ las piscinas grandes.

19. (A tu hermana) _____ la ciudad.

20. (Al hermano de José) _____ el campo.

21. (A nosotros) _____viajar.

22. (A Cecilia y a su familia) _____conversar.

23. (A los niños) _____aprender todo.

24. (A los adolescentes) _____jugar deportes.

25. ¿(A Uds.) _____el alcalde de su ciudad?

Verbs like gustar

You have just learned a very important form, not only to express the idea of 'I like' but for other verbs as well. The following verbs are used with an indirect object.

Agradar -- *to be pleasing to* (very close in meaning to **gustar**)

¿No te agrada nadar?   *Isn't swimming pleasing to you?*
Me agrada vivir en el campo.   *To live in the country is pleasing to me.*

Encantar -- *to be enchanting to, to like very much* (much stronger than **gustar; encantar** cannot be used in the negative)

Le encanta viajar.   *To travel is enchanting to him.*
                (He loves traveling.)
Le encanta visitar España.   *To visit Spain is enchanting to him.*

Fascinar -- *to fascinate, to be fascinating (to)*

Nos fascina el baile flamenco.   *Flamenco dance fascinates us.*
Me fascinan estos dibujos.   *These drawings are fascinating to me.*

Convenir -- *to suit someone, to be convenient (for)*

¿Te conviene tomar ese trabajo?   *Does it suit you to take that job?*
No nos conviene viajar ahora.   *It does not suit us to travel now.*

Doler -- *to be painful, to hurt*

Me duele la cabeza.*   *My head hurts me.*
Te duelen los dientes.*   *Your teeth hurt you.*
¿A Uds. les duelen los pies* si   *Do your feet hurt you if you walk a lot?*
caminan mucho?*

Hacer falta -- *to need something*

    Me hace falta tomar unas   *I need to take a vacation.*
    vacaciones.

Faltar -- *to be lacking something, to be missing something*

    A ellos les falta disciplina.   *They lack discipline.*
    Aquí falta luz.**   *Here there is no light.*

Importar -- *to be important to, to matter*

    No me importa.   *It is not important to me.*
    A Sandra le importan sus amigos.   *Sandra's friends are important to her.*
    No importa.**   *It doesn't matter. Never mind.*

Interesar -- *to be interesting (to)*

    Les interesa estudiar.   *To study is interesting to them.*
    Me interesa ir a museos.   *It interests me to go to museums.*

Molestar -- *to bother, to annoy*

    ¿Le molesta si alguien fuma?   *Does it bother you if someone smokes?*
    A él no le molesta nada.   *Nothing bothers him.*

Parecer -- *to seem, to appear to be*

    Me parece que es una buena escuela.   *It seems to me that it is a good school.*
    Parece que va a llover.**   *It seems that it is going to rain.*

Quedar -- *to be left over, to remain*

    Nos quedan veinte minutos.   *We have 20 minutes left.*
    No me queda mucho dinero.   *I don't have much money left.*
    ¿Cuántas páginas nos quedan   *How many pages are left for us*
    por leer?***   *to read?*

Sobrar -- *to have more than enough of something*

    Me sobra comida para mañana.   *I have more than enough food for*
        tomorrow.

Tocarle a alguien -- *to be someone's turn*
    Cada vez que me toca a mí, gano.   *Everytime it's my turn, I win.*
    Cada vez que le toca a él, pierde.   *Everytime, it's his turn, he loses.*

---

*With parts of the body and the indirect object, the possessive adjective is not used.
****importar, faltar,** and **parecer** can be used without the indirect object.
*****quedar por** +infinitive – *to remain to be*

☐ EXERCISE 3

Complete the sentences with the correct prepositional phrase according to the words in parenthesis.

1. __A él__ le gusta nadar. (to him)

   _____le gusta el tenis. (to her)

   ¿_____le gustan todos los deportes? (to you)

2. _____me gusta leer, pero me encanta escribir. (to me)

3. Yo sé que _____te gusta estudiar, (to you) pero

   _____les gusta ir a fiestas. (to them)

4. Parece que _____le gusta cocinar. (to no one)

5. ¿_____le gusta limpiar su apartamento? (to whom)

☐ EXERCISE 4

Change the following singular sentences to the plural. Make sure the subject and the verb are plural. The indirect object will remain the same.

For example: Me gusta su idea. > _Me gustan sus ideas._

1. Les encanta ese carro rojo. _____

2. Te agrada el programa. _____

3. Me gusta la silla. _____

4. Nos importa nuestro amigo. _____

5. Le fascina esa computadora. _____

☐ EXERCISE 5

Translate the following sentences.

For example: Me gusta viajar. _Traveling (to travel) is pleasing to me._

1. A Susana le duele la cabeza. _____

2. Me falta un lápiz con que escribir. _____

3. ¿Por qué no te gusta bailar? _____

4. Nos fascinan los viajes exóticos. _____

5. A ella le interesan las noticias del día. _____

6. ¿A Ud. le molesta su perfume? _____

7. ¿A Uds. les importan las lecciones? _____

8. ¿Te conviene seguir tus estudios este año? _____

9. A él no le gusta manejar en la lluvia. _____

10. A ella no le gusta el clima caliente. _____

☐ EXERCISE 6 — ORAL
Answer the following questions orally.

1. ¿A Ud. le duele la cabeza después de trabajar todo el día?

2. ¿Qué les conviene estudiar ahora?

3. ¿Cuántos libros nos quedan por leer?

4. ¿Por qué a Uds. les fascina hablar español?

5. ¿Les gustan los carros grandes que usan mucha gasolina?

6. ¿Te interesa la tecnología?

7. ¿Qué le encanta hacer?

8. En su familia, ¿a quién le gusta jugar al baloncesto? ¿A quién le gusta bailar?

9. Te importa saber de la política?

10. ¿A Uds. les fascina viajar?

The indirect object

Review the indirect objects.

Me	*to me*
Te	*to you ('tú' form)*
Le	
a Ud.	*to you (Ud. form)*
a él	*to him*
a ella	*to her*
Nos	*to us*
Os	*to you (plural, familiar; used only in Spain)*
Les	
a Uds.	*to you (plural)*
a ellos	*to them*
a ellas	*to them (feminine)*

So far, you have learned the indirect objects with verbs like *gustar*. Now make sure you know what an indirect object is in other sentences as well.

For example: I give the gift <u>to him.</u>
          In this sentence, <u>to him</u> is the indirect object.

- The indirect object receives the action of the verb indirectly.

- It answers the questions, 'to whom' or 'for whom' the action is done.

- In order to have an indirect object in a sentence, there must be a direct object, either real or implied. In the above example, *the gift* is the direct object.

- The translation of the indirect object is: *to me, to you, to him, to her, to us, to them.*

A word about the indirect objects
  Be sure to practice the indirect object orally as much as you can. The structure of Spanish and English is quite different here, so take your time and practice.

An intransitive verb is a verb that takes an indirect object or does not require a direct object to complete its meaning. Here are some intransitive regular and irregular verbs. They are very important in everyday speech as well as essential in the use of the indirect object.

Cobrar -- *to charge (money)*

yo cobro	nosotros cobramos
tú cobras	vosotros cobráis
Ud. cobra	Uds. cobran

Comprar -- *to buy*

yo compro	nosotros compramos
tú compras	vosotros compráis
él compra	ellos compran

Contar -- *to relate, to tell a story, to count;* **contar con** *to count on, to rely upon*

yo cuento	nosotros contamos
tú cuentas	vosotros contáis
él cuenta	ellos cuentan

Contestar -- *to answer*

yo contesto	nosotros contestamos
tú contestas	vosotros contestáis
ella contesta	ellas contestan

Dar -- *to give*

yo doy	nosotros damos
tú das	vosotros dais
él da	ellos dan

Decir -- *to say, to tell*

yo digo	nosotros decimos
tú dices	vosotros decís
ella dice	ellas dicen

Enseñar -- *to teach*

yo enseño	nosotros enseñamos
tú enseñas	vosotros enseñáis
Ud. enseña	Uds. enseñan

Enviar -- *to send*

yo envío	nosotros enviamos
tú envías	vosotros enviáis
él envía	ellos envían

Hacer -- *to do, to make*

yo hago	nosotros hacemos
tú haces	vosotros hacéis
Ud. hace	Uds. hacen

Preguntar -- *to ask (a question)*

yo pregunto	nosotros preguntamos
tú preguntas	vosotros preguntáis
él pregunta	ellos preguntan

Prestar -- *to lend*

yo presto	nosotros prestamos
tú prestas	vosotros prestáis
ella presta	ellas prestan

Traer -- *to bring*

yo traigo	nosotros traemos
tú traes	vosotros traéis
Ud. trae	Uds. traen

Vender -- *to sell*

yo vendo	nosotros vendemos
tú vendes	vosotros vendéis
ella vende	ellas venden

Position of the indirect object

The indirect object has two positions.

- In the first position, the indirect object is placed directly before the first verb in a sentence or question.

Carlos **me escribe** una carta.	*Charles writes a letter to me.*
Carlos **te escribe** una carta.	*Charles writes a letter to you.*
Yo **le escribo** una carta.	*I write a letter to you.* *I write a letter to him.* *I write a letter to her.*
Carlos **os escribe** una carta.	*Charles writes a letter to you.*
Yo **les escribo** una carta.	*I write a letter to you.* *I write a letter to them.*

- Remember that the indirect object **le** is ambiguous. It means *to him, to her, to you.* Out of context, there is no way to know what the meaning is. So the prepositional phrase is added to clarify the meaning.

María **le escribe** una carta **a Ud.**	*Maria writes a letter to you.*
María **le escribe** una carta **a él.**	*Maria writes a letter to him.*
María **le escribe** una carta **a ella.**	*Maria writes a letter to her.*

- Remember also that a proper noun can be inserted in the clarifying prepositional phrase:

María **le escribe** una carta **a Juan**.	*Maria writes a letter to John.*
María **le escribe** una carta **a Susana**.	*Maria writes a letter to Susana.*

- A noun can also be inserted in the prepositional phrase:

María **le escribe** una carta **a su hermana**.	*Maria writes a letter to her sister.*
María **le escribe** una carta **a mi amigo**.	*Maria writes a letter to my friend.*
Juan **le escribe** una carta **a su padre**.	*John writes a letter to his father.*
Juan **le escribe** una carta **a su primo**.	*John writes a letter to his cousin.*

- Like **le, les** is ambiguous. It means *to you* (a Uds.), and *to them* (a ellos/a ellas). A prepositional phrase is added to clarify the meaning. A proper noun or a noun can also be used as clarifiers.

Juan **les escribe** una carta **a Uds.**	*John writes a letter to you.*
Juan **les escribe** una carta **a ellas.**	*John writes a letter to them.*

Él **les escribe** una carta **a sus hermanos.**	*He writes a letter to his brothers.*
Juan **les escribe** una carta **a Ana y José.**	*John writes a letter to Ana and Joseph.*

- With the verbs **comprar** and **hacer,** the translation of the indirect object is *for me, for you, for him, for her, for us, for them.*

Él **me compra** flores.	*He buys flowers for me.*
Yo **le compro** flores a él.	*I buy flowers for him.*
Te hago un favor.	*I do (for) you a favor.*

☐ EXERCISE 7

Using the new verbs and the indirect objects, complete the following sentences with the appropriate words and conjugations of the verbs. Add clarifiers when necessary.

1. Julia _____ dos tarjetas cada semana. (to write to me)

2. José y Maria _____ tarjetas desde Barcelona.
   (to write/to us)

3. Carlos _____ la lección de hoy. (to give/to me)

4. Yo _____ si mi tarea está en tu casa. (to ask/you)

5. Él _____ que su hermana vive en Nueva York. (to say/to me)

6. Ella _____ su bolígrafo. (to lend/to him)

7. Nosotros _____ a hablar español.
   (to teach/to Ana y José)

8. Ellos _____ café con leche a mi oficina.
   (to bring/to us)

9. Yo _____ los resultados de la elección. (to tell/to him)

10. Yo _____, (to ask/the cabdriver)

    "¿Cuánto _____ Ud?" (to charge/me)

□ EXERCISE 8

Complete the following sentences with the correct verb and indirect object.
Notice that these sentences include two verbs. Practice placing the indirect object
directly before the first verb.

For example:

Juan ___*me quiere dar*___ una lámpara. (to want to give/to me)

Juan ___*me va a dar*___ una lámpara. (to be going to give/to me)

1. Alicia _____ una alfombra. (to want to give/to me)

2. El maestro _____ el francés.
   (to want to teach/to his students)

3. Mis primos _____ un carro para mi cumpleaños.
   (to be going to buy/for me)

4. Yo _____ mi computadora vieja.
   (to want to sell/to you)

5. ¿Tienes frío? Yo _____una chaqueta.
   (to be able to bring/to you)

6. Ud. _____la verdad. (ought to tell/him)

7. ¿Quién _____las lecciones de hoy?
   (to be able to teach/us)

8. ¿_____Ud. el favor de limpiar mi casa?
   (to be able to do/for me)

9. Yo_____buenas direcciones, pero no sé donde estoy.
   (to want to give/to you)

10. Ellos siempre _____cómo estoy. (to ask/me)

- In the second position, the indirect object is attached to the infinitive, if there is an infinitive in the sentence or question.

Let us say, for example, that there is only an infinitive and no other form of the verb in a particular phrase. In the following phrases, the indirect object must be attached to the infinitive.

Antes de prestarte dinero,....   *Before lending to you money,....*

Después de enseñarnos el francés,....   *After teaching us French,....*

En vez de escribirme una carta,....   *Instead of writing a letter to me,....*

- In other cases, if there is an infinitive in the sentence, you may also attach the indirect object to the infinitive.

¿Puede Ud. **hacerme** el favor   *Can you do me the favor of closing*
de cerrar la ventana?   *the window?*

Pedro quiere **darte** un libro.   *Peter wants to give you a book.*

Vamos a **enseñarle** a pintar.   *We are going to teach him to paint.*

Ella quiere **traernos** café.   *She wants to bring coffee to us.*

El niño va a **decirles** la verdad.   *The boy is going to tell them the truth.*

☐ EXERCISE 9

Complete these sentences by attaching the indirect object to the infinitive. Use the prepositional phrases in the sentences as well as the words within parenthesis.

1. Ella _____ un cuento esta noche. (to want to tell/to me)

2. Patricia _____ a Ud. su guitarra. (to be going to lend)

3. ¿Quién _____ a su familia? (to be going to write)

4. Nosotros _____ a sus amigos la casa. (to be going to sell)

5. Yo _____ a Uds. mi bicicleta. (to want to lend)

☐ EXERCISE 10

Some of these sentences have two verbs; some have one. Complete the sentences with the correct verb or verbs and indirect object. The verbs in this lesson are very important, so try to memorize them as you do the following exercise.

1. Si tienes frío, yo _____ un suéter. (to give/to you)

2. El camarero _____ al hombre un vaso de agua. (to bring/to him)

3. Manuel _____ a cocinar.
   (to want to teach/to us)

4. Nosotros _____ el viernes. (to be going to write/to them)

5. Tú _____ tus libros todo el tiempo. (to lend/to me)

Review the positions of the indirect object:
- It is placed directly before the first verb.
- It is attached to the infinitive.

Whether the indirect object is placed directly before the first verb, or is attached to the infinitive, the meaning is exactly the same. Practice the indirect object and the verbs aloud as much as you can.

Yo **te quiero escribir** una carta.   *I want to write you a letter.*
Yo **quiero escribirte** una carta.

Él **me va a vender** un carro.   *He is going to sell me a car.*
Él **va a venderme** un carro.

Ellos **nos quieren contar** un cuento.
Ellos **quieren contarnos** un cuento.

They want to tell us a story.

Les debemos decir a Uds. la verdad.
Debemos decirles a Uds. la verdad.

We ought to tell you the truth.

□ EXERCISE 11

Translate the following into English.

1. Me puede decir, ¿por qué a Sandra no le gusta tocar la guitarra?

   _____

2. El amigo de Elena le presta a Ud. sus libros.

   _____

3. Elena le da a su hermano los bolígrafos que él necesita.

   _____

4. Las lecciones de música no son caras. El maestro les cobra a sus estudiantes quince dólares por hora.

   _____

5. Me fascina jugar al tenis, pero más me conviene nadar.

   _____

6. El doctor no está en su consultorio. No sé si quiere hablar conmigo.

   _____

7. Entre tú y yo, tenemos que decidir quien va a contarles a los niños el cuento.

   _____

8. ¿Por qué el abogado les hace preguntas a los testigos si ya sabe las respuestas?

   _____

9. ¿Puede Ud. venderme rápidamente dos maletas? Voy a viajar mañana.

   _____

10. Ella nos quiere llamar el día de acción de gracias.

_____

11. A ella le gusta celebrar el día del amor y la amistad.

_____

12. ¿Les conviene tomar sopa de pollo cuando Uds. están enfermos?

_____

13. Le digo a ella que su idea es buena.

_____

14. A ella no le gusta el café; su colega siempre le trae el té.

_____

15. El camarero le trae al hombre un vaso de agua. Él les trae a los jovencitos un vaso de leche.

_____

☐ EXERCISE 12

Translate the following, then answer the following questions orally in Spanish.

For example: ¿Es esta lección difícil? _**Is this lesson difficult?**_
Oral: _**Sí, es difícil, pero me gusta aprender.**_

1. ¿Quiere Ud. viajar conmigo el año que viene? ¿Tiene Ud. vacaciones?
   ¿Adónde quiere ir?

_____

2. ¿Dónde te gusta comer? ¿Prefieres comer en un restaurante o en casa?

_____

3. ¿A Ud. le molesta la contaminación de las ciudades grandes?

_____

4. ¿Te gusta bailar? ¿A quién le gusta bailar contigo?

_____

5. A ellos no les gusta el restaurante en la calle cuarenta y dos con la novena avenida. ¿Sabe Ud. la razón?

_____

6. Es el cumpleaños de Susana. ¿Le debo traer flores?

_____

7. Les decimos a los niños que es importante estudiar. ¿Por qué no nos prestan atención?

_____

8. Le presto dinero a Marí porque ella es una buena amiga y siempre me devuelve el dinero. ¿Les presta Ud. dinero a sus amigos?

_____

9. ¿Qué le contesta Ud. al muchacho si él le dice que él tiene miedo de nadar?

_____

10. Ellos quieren darte un carro para celebrar el nuevo año pero tienen solamente quinientos dólares. ¿Qué deben hacer?

_____

11. Tenemos hambre. ¿Quién nos va a enseñar a cocinar?

_____

12. ¿Dónde estoy? ¿Me puedes dar buenas direcciones?

_____

13. Tu mejor amigo quiere darte un buen regalo. Él quiere hacerte el favor de limpiar tu apartamento. ¿Cuántos cuartos tienes?

_____

14. El niño le pregunta a Ud., "¿por qué hay nubes en el cielo?" ¿Sabe Ud. la razón?

_____

□ EXERCISE 13

Translate the following from English to Spanish.

1. Every year he gives a gift to his girlfriend.

   _____

2. Carla never tells me her secrets.

   _____

3. Henry doesn't want to lend money to us.

   _____

4. Who is going to buy books for the children?

   _____

5. After writing to his friends, he is going to the movies.

   _____

6. They charge us too much. We charge them little.

   _____

7. Why don't you answer the students? They ask you many questions.

   _____

8. We are going to give a dog to Peter and Rosa.

   _____

9. I'll bring you coffee if you bring me tea.

   _____

10. I tell you that the train is coming.

    _____

11. Why do you teach us German if we want to learn French?

    _____

12. She listens to everything, but says nothing to you.

_____

13. Susan's aunt tells her that she wants to go to Mexico for her vacation. She tells me
    that she wants to go to Paris. _____

_____

14. After studying a lot, do your eyes hurt?

_____

15. Everyone wants to go to the football game, except me.

_____

📖 READING COMPREHENSION *Ir de Compras*

A mi amigo Julio y a mí nos gusta ir de compras.* Nos fascina pasear en el carro* a
regiones en las afueras.* Durante el día, nos encanta probar* la comida típica del área.*
Al entrar* en un restaurante, el camarero nos dice "¿En qué puedo servirles?* y le
preguntamos, ¿qué clase de comida nos recomienda?"* Él nos recomienda los mariscos*
y nos da unos minutos para decidir. Después de un rato*, nos dice, "Disculpe,* "están
Uds. listos para ordenar?* Julio le pregunta cuánto cuesta la langosta.* "No hay" nos
contesta. Escogemos,* pues, crema de almejas,* cangrejo* con ajo,* y camarones.*
Después de la comida deliciosa, continuamos alegremente nuestro viaje turístico.

---

*ir de compras – *to go shopping*   *pasear en el carro – *to take a ride*   *las afueras – *outskirts,
suburbs*   *probar – *to taste, to take a taste*   *el área (f.) – *the area*   *al entrar – *upon entering*
*en qué puedo servirles – *how can I serve (help) you*   *recomendar – *to recommend*
*los mariscos – *seafood*   * un rato – *a little while*   *disculpe – *excuse me*   *están Uds. listos para
ordenar – *are you ready to order*   *la langosta — *the lobster*   *escoger – *to choose*   *crema de
almejas – *clam chowder*   *el cangrejo – *crab*   *el ajo – *garlic*   *los camarones – *shrimp*

EL VIAJE

Me gusta viajar porque cuando viajo no soy de aquí ni soy de allá. Me fascina la idea. Pienso ir a Italia. Me dicen que es un país maravilloso, el más bello del mundo. Me cuentan que la gente es muy amable y que gozan de la vida cada día. Me dicen que exactamente a las siete todas las noches en todas las ciudades y todos los pueblos, la gente sale, los jóvenes y los viejos, salen de sus casas y dan una vuelta por la ciudad. Después de caminar por una hora, vuelven a la casa para cenar. ¡Qué imagen más hermosa! Me parece que me va a gustar Italia.

No me importa que hay mucho que hacer antes de viajar. Primero, tengo que hacer las reservaciones. Voy a pedir un asiento con ventanilla porque me encanta mirar el cielo y las nubes por la ventana. Yo sé que a otras personas les gusta el asiento en el pasillo para poder andar por el avión sin molestar a nadie.

La parte que me encanta más es la hora de la comida. La azafata nos pregunta, "¿qué quieren Uds?" Le contestamos con "pollo, por favor," o "pescado," o "prefiero carne, por favor." Nos dan lo que pedimos y por un rato hay silencio en el avión mientras los pasajeros comen. Si es largo el viaje, nos muestran una película y también podemos escuchar música con los audífonos que nos dan. Yo misma prefiero leer o escribir pero a muchos viajeros les gusta mirar la película mientras otros duermen.

No puedo tardar más. Primero, voy a escoger una buena fecha que me va a traer suerte. Después voy a comprar un tiquete de ida y vuelta y un vuelo directo. Finalmente, voy a arreglar solamente una maleta para no cargar mucho. Yo sé que una buena experiencia me espera.

Verbos y expresiones verbales

andar	*to walk*		
arreglar la maleta	*to pack the suitcase*	escoger	*to choose*
cargar	*to carry*	esperar	*to await*
cenar	*to dine*	gozar (de)	*to enjoy*
dar una vuelta	*to take a walk*	tardar	*to delay*

Nombres

el asiento	*the seat*
los audífonos	*the headphones*
la azafata	*the stewardess, the flight attendant*
la imagen	*the image*
el pasillo	*the aisle*
la ventanilla	*the window in a car, boat or airplane*
el vuelo	*the flight*

Pronombres relativos y conjunciones

lo que	*that which, often translated as 'what'*
mientras	*while*

Expresiones

hay mucho que hacer	*there is a lot to do*
ida y vuelta	*round trip*
por un rato	*for a little while*

Preguntas

1. ¿A Isabel le gusta viajar?

2. ¿Por qué escoge Italia?

3. ¿Qué tiene que hacer antes de viajar?

4. ¿Qué hace ella durante el viaje? ¿Qué hacen los otros pasajeros?

5. ¿Piensa Ud. que Isabel va a viajar?

CHAPTER 11

THE DIRECT OBJECT

The personal a and the direct object

- The direct object receives the action of the verb directly.

- The direct object can be a thing.   I see <u>the tree.</u>

- The direct object can be a person.   I see <u>the woman.</u>

- When the direct object is a person, an untranslated **a** is placed directly before the direct object person. This is called the ***personal a.***

Yo veo **a la mujer.**	*I see the woman.*
Vemos **a Pedro**.	*We see Peter.*
Uds. ven **a sus primos.**	*You see your cousins.*

If the direct object person is masculine and singular, the **a** combines with **el** and becomes **al.**

Yo visito **al hombre**.	*I visit the man.*
Tú visitas **al niño.**	*You visit the child.*

- Personal **a** is used before **alguien** and **nadie.**

¿Quieres llamar **a alguien**?	*Do you want to call someone?*
No puedo llamar **a nadie**.	*I can't call anyone.*

- Personal **a** is not used with **tener.**

Tengo dos hermanas.	*I have two sisters.*
Ella tiene cinco sobrinos.	*She has five nephews.*

---

*Remember that if the direct object is a <u>thing</u>, there is no personal **a.**

Yo veo el árbol.	*I see the tree.*
Queremos ver una película hoy.	*We want to see a film today.*
Él espera el tren en la estación.	*He waits for the train in the station.*

Transitive verbs are verbs which take the direct object. Here is a list of frequently used transitive verbs.

Abrazar -- *to embrace, to hug*

yo abrazo

tú abrazas

ella abraza

nosotros abrazamos

vosotros abrazáis

ellas abrazan

Acompañar -- *to accompany*

yo acompaño

tú acompañas

él acompaña

nosotros acompañamos

vosotros acompañáis

ellos acompañan

Amar -- *to love*

yo amo

tú amas

ella ama

nosotros amamos

vosotros amáis

ellas aman

Ayudar -- *to help*

yo ayudo

tú ayudas

Ud. ayuda

nosotros ayudamos

vosotros ayudáis

Uds. ayudan

Besar -- *to kiss*

yo beso

tú besas

él besa

nosotros besamos

vosotros besáis

ellos besan

Buscar* -- *to look for*

yo busco

tú buscas

ella busca

nosotros buscamos

vosotros buscáis

ellas buscan

Conocer** -- *to be acquainted with, to know (a person or place)*

yo conozco

tú conoces

Ud. conoce

nosotros conocemos

vosotros conocéis

Uds. conocen

Cuidar* -- *to take care of*

yo cuido

tú cuidas

él cuida

nosotros cuidamos

vosotros cuidáis

ellos cuidan

Dejar*** -- *to leave (something or someone behind)*

yo dejo

tú dejas

ella deja

nosotros dejamos

vosotros dejáis

ellas dejan

Encontrar***** -- *to find*

yo encuentro

tú encuentras

Ud. encuentra

nosotros encontramos

vosotros encontráis

Uds. encuentran

Escuchar* -- *to listen to*

yo escucho

tú escuchas

ella escucha

nosotros escuchamos

vosotros escucháis

ellas escuchan

Esperar* -- *to wait for*

yo espero

tú esperas

él espera

nosotros esperamos

vosotros esperáis

ellos esperan

Extrañar -- *to miss (a person or a place)*

yo extraño

tú extrañas

ella extraña

nosotros extrañamos

vosotros extrañáis

ellas extrañan

Gritar* -- *to yell at, to scream at*

yo grito

tú gritas

él grita

nosotros gritamos

vosotros gritáis

ellos gritan

Hallar***** -- *to find*

yo hallo

tú hallas

Ud. halla

nosotros hallamos

vosotros halláis

Uds. hallan

Invitar -- *to invite*

yo invito

tú invitas

él invita

nosotros invitamos

vosotros invitáis

ellos invitan

Llamar -- *to call*

yo llamo

tú llamas

ella llama

nosotros llamamos

vosotros llamáis

ellas llaman

Llevar -- *to carry, to carry off, to carry away, to wear*

yo llevo	nosotros llevamos
tú llevas	vosotros lleváis
Ud. lleva	Uds. llevan

Matar -- *to kill*

yo mato	nosotros matamos
tú matas	vosotros matáis
él mata	ellos matan

Mirar* -- *to look at, to watch*

yo miro	nosotros miramos
tú miras	vosotros miráis
ella mira	ellas miran

Querer + **a** + ***person**** -- *to love a person*

yo quiero	nosotros queremos
tú quieres	vosotros queréis
Ud. quiere	Uds. quieren

Recoger -- *to gather, to pick up*

yo recojo	nosotros recogemos
tú recoges	vosotros recogéis
ella recoge	ellas recogen

Saludar -- *to greet*

yo saludo	nosotros saludamos
tú saludas	vosotros saludáis
él saluda	ellas saludan

Ver -- *to see*

yo veo	nosotros vemos
tú ves	vosotros veis
Ud. ve	Uds. ven

Visitar -- *to visit*

yo visito	nosotros visitamos
tú visitas	vosotros visitáis
él visita	ellos visitan

---

*The translations of these verbs include the preposition.

Yo escucho la música.	I <u>listen to</u> the music.
Ella mira la casa.	She <u>looks at</u> the house.
Esperamos el tren.	We <u>wait for</u> the train.

conocer means to know a person or place in terms of being acquainted.

    Yo conozco a esta mujer.   *I know (am acquainted with) this woman.*
    Él conoce Paris.   *He knows Paris.*

    Compare that with **saber** which means to know a fact, or to know how to do something.

        Yo sé nadar.   *I know how to swim.*
        Ella sabe la verdad.   *She knows the truth.*

***dejar** means to leave something or someone behind.

    Dejo mis llaves en mi casa.   *I leave my keys in my house.*

    Compare that with **salir** which means to exit.
        Salgo de mi oficina a las tres.   *I leave my office at three o'clock.*

****querer a una persona** means to love a person. This verb is less strong than
amar.

    Ella quiere a su amiga.   *She loves her friend.*
    Él quiere a su amigo.   *He loves his friend.*

    Compare that with **amar**, which is a deeper love.
        Él ama a su esposa.   *He (deeply) loves his wife.*

*****encontrar** and **hallar** are synonyms and can be used interchangeably.

☐ EXERCISE 1

Complete these sentences with the correct conjugation of the verb and the
personal *a*.

For example: Nosotros ___***visitamos a Susana***___ cada año en España.
           (to visit Susan)

           Ella ___***ama a su madre***___ . (to love her mother)

1. Antes de salir de la casa, ella _____.
   (to kiss her husband)

2. Carlos quiere _____el día del amor y la amistad.
   (to call his friends)

3. Yo siempre _____a la tienda.
   (to accompany my grandmother)

4. No puedo _____. No sé donde está.
   (to find my younger brother)

5. El estudiante del primer año _____.
   (to miss his family)

6. En clase, nosotros_____, y prestamos atención.
   (to look at the teacher)

7. María y Sofía quieren _____en el hospital.
   (to help the patients)

8. Yo _____well. (to know Peter)

9. Los profesores _____cada día en el colegio.
   (to see their students)

10. Los padres _____.
    (to take care of their children)

11. El taxista _____al hotel.
    (to take the tourists)

12. Ella no entiende la lección porque no _____.
    (to listen to the teacher)

13. Jorge no puede _____y está preocupado.
    (to find his sister)

14. No sé porque él _____. (to yell at his boss)

15. Roberto va a _____ a la fiesta.
    (to invite Ramona)

16. Veinte minutos pasan y Teresa no quiere _____más.
    (to wait for her friend)

The direct object pronoun

Me	*me*
Te	*you*
Lo	*him, it (masculine object)*
La	*her, it (feminine object)*
Nos	*us*
Os	*you (used only in Spain)*
Los	*them (masculine persons and objects)*
Las	*them (feminine persons and objects)*

The direct object pronouns **me, te, nos, os** have the same form as the indirect objects pronouns *me, te, nos, os.* The only new forms are **lo, los, la, las.**

Make sure you know what the direct object and direct object pronoun are in all cases.

For example: I see <u>the man</u>.   In this sentence, <u>the man</u> is the direct object.
I see <u>the tree</u>.   In this sentence, <u>the tree</u> is the direct object.

The direct object pronoun replaces the direct object.

I see the man.   I see <u>him</u>.

I see the tree.   I see <u>it</u>.

- The direct object pronoun replaces the direct object.

- The direct object pronoun can be a thing or a person.

- It receives the action of the verb directly.

- It answers the question 'what?' or 'whom?'

THE DIRECT OBJECT PRONOUN AS A PERSON

- The direct object pronoun has two positions. In the first position, the direct object pronoun is placed directly before the first verb in a sentence or question.

Ella **me** conoce bien.	*She knows me well.*
Los niños **te** van a escuchar.	*The children are going to listen to you.*
Ellas **nos** saludan los lunes.	*They greet us on Mondays.*
¿**Os** podemos recoger a la una?	*Can we pick you up at one o'clock?*

> The direct object pronoun needs no clarifiers, since it is clear that **lo** can only mean *him;* **la** can only mean *her;* **los** can only mean *them* (masculine, or masculine and feminine); **las** can only mean *them* (feminine).
>
> | | |
> |---|---|
> | **Lo** | *him* |
> | **La** | *her* |
> | **Los** | *them* |
> | **Las** | *them (feminine)* |

María **lo** ama.	*Mary loves him.*
Jorge **la** besa.	*George kisses her.*
Los conozco de mi viaje a México.	*I know them from my trip to Mexico.*
Yo **las** debo acompañar al tren.	*I ought to accompany them to the train.*

- In the second position, the direct object pronoun is attached to the infinitive.*

Ella quiere **visitarme** en México.	*She wants to visit me in Mexico.*
Queremos **invitarte** a la fiesta.	*We want to invite you to the party.*
Debo **llamarlo** ahora.	*I ought to call him now.*
¿Quién quiere **ayudarla**?	*Who wants to help her?*
¿Puedes **esperarnos**?	*Can you wait for us?*
Vamos a **extrañarlos** mucho.	*We are going to miss them a lot.*

---

*Whether the direct object pronoun is placed before the first verb or attached to the infinitive, the meaning of the sentence is the same.

- In order to express the direct object pronoun *you* in the *Ud.* and *Uds.* form, the indirect object **le** and **les** is used in most countries.

Yo **le** conozco, ¿verdad?   *I know you, right?*
¿Puedo **ayudarle**?   *May I help you?*
Les acompañamos al parque.   *We accompany you to the park.*

- To make a sentence negative, place **no** before the direct object pronoun.

No lo veo.   *I don't see him.*
Ella **no** me conoce.   *She doesn't know me.*
Ellos **no** nos quieren abrazar. *They don't want to hug us.*

- When the direct object pronoun is attached to the infinitive, place **no** before the first verb.

No quiero escucharlo.   *I don't want to listen to him.*
Él **no** quiere esperarme.   *He doesn't want to wait for me.*
No queremos buscarla.   *We don't want to look for her.*

□ EXERCISE 2

Complete the sentences with the correct form of the verb and the direct object pronoun.

1. Ricardo _____ hasta las seis todas las noches.
   (to wait for me)

2. Él _____, pero no recuerda de donde.
   (to know you [familiar])

3. Nuestros amigos _____ con la tarea.
   (to be going to help us)

4. Cecilia y Susana van a viajar mañana. Vamos a _____.
   (to miss them)

5. Enrique es un buen estudiante, pero no está en clase hoy. Yo _____,

   pero no _____. (to look for him/to find him)

6. Francisca quiere a su amigo Pablo. Ella _____ mucho.
   (to love him)

7. ¿Quién quiere _____? (to visit her)

8. ¿Dónde están las muchachas? _____Uds? (to see them)

9. ¿Saludan Uds. a sus amigos todos los días? Nosotros no _____ nunca. (to greet them)

10. Su amigo es simpático. No sé por qué Ud. _____. (to be going to leave him)

11. Cuando sus padres están ocupados y no pueden cuidar a sus hijos, una niñera

    _____. (to take care of them)

12. _____, ella va a preparar la cena. (after calling him)

13. ¿Conocen Uds a mi amiga Ramona? Sí, nosotros _____ bien. (to know her)

14. Ella mira a la profesora y _____. (to listen to her)

15. _____a la fiesta, él tiene que encontrar su número de teléfono. (before inviting her)

□ EXERCISE 3
Translate the following into English.

1. Si un hombre acompaña a una mujer hermosa a la reunión, ¿la va a besar?

   _____

2. Nos parece que el muchacho está enfermo y no puede hacer su tarea. Decidimos ayudarlo.

   _____

3. Sara siempre llega tarde y no la queremos esperar más.

   _____

4. ¿Extraña Ud. a su familia que vive lejos? ¿La quiere visitar?

   _____

5. Los ingleses van a llegar a los Estados Unidos esta tarde. Vamos a llevarlos del aeropuerto a un buen hotel.

   _____

□ EXERCISE 4
Translate the following into Spanish.

1. I see José, but he doesn't see me.

   _____

2. We don't know where the tourists are who are visiting us from Spain.

   _____

3. They are going to visit their friends in Canada after selling their boat.

   _____

THE DIRECT OBJECT AS A THING

Guillermo compra <u>el carro</u>.   *Bill buys <u>the car</u>.*
Él <u>lo</u> compra.   *He buys <u>it</u>.*

Lo	*it (masculine)*
La	*it (feminine)*
Los	*them (masculine)*
Las	*them (feminine)*

- The direct object pronoun replaces the direct object.

- The direct object is placed directly before the first verb or attached to the infinitve.

Guillermo vende su carro.   *Bill sells his car.*
Él **lo** vende.   *He sells it.*

Yo tengo la llave.   *I have the key.*
La tengo.   *I have it.*

Comemos los vegetales.   *We eat the vegetables.*
Los comemos.   *We eat them.*

Ella lee las revistas.   *She reads the magazines.*
Ella **las** lee.   *She reads them.*

Veo las flores en el jardín.   *I see the flowers in the garden.*
¿Puedes **verlas** también?   *Can you see them also?*

Él espera el tren a las nueve.
Tiene que **esperarlo**.

He waits for the train at nine.
He has to wait for it.

Ella no entiende la lección.
Necesita estudiar para **entenderla**.

She doesn't understand the lesson.
She needs to study in order to
understand it.

Tengo dos buenos libros en casa.
Voy a **leerlos** mañana.

I have two good books at home.
I am going to read them tomorrow.

☐ EXERCISE 5

Complete the following sentences and questions with the correct conjugation of the
verb and direct object pronoun.

1. ¿Tiene Ud. el libro rojo? Sí, yo _____, pero yo no

   _____. (to have it/to want to read it)

2. Su casa está sucia, pero Pedro no _____.
   (to want to clean it)

3. ¿Dónde están nuestros mapas de México? Nosotros siempre _____

   en el coche, pero hoy no _____. (to have them/to see them)

4. No sé porque él tiene tres carros; él_____pero él no

   _____tampoco. (is not able to use them/to want to sell them)

5. Necesitamos cuarenta tenedores, quince cuchillos y ochenta cucharas para la

   fiesta. ¿Quién tiene tiempo para_____? (to buy them)

6. En el verano, ella busca buenos libros; ella _____

   en la biblioteca. (to find them)

7. Antes de estudiar la lección, ella está nerviosa. Después de _____,

   tiene más confianza. (to study it)

8. Las revistas que recibimos están en la casa pero no podemos _____.
   (to find them)

9. Los niños escuchan a sus padres porque sus padres _____.
   (to love them)

10. Este hombre tiene mucho dinero debajo de su cama, pero ¿es mejor
    _____en el banco? (to have it)

Here is a review chart of the indirect and direct object pronouns.

Subject pronoun	Indirect object	Direct object pronoun
yo	me	me
tú	te	te
él	le (a él)	lo
ella	le (a ella)	la
Ud.	le (a Ud.)	*
nosotros	nos	nos
vosotros	os	os
ellos	les (a ellos)	los
ellas	les (a ellas)	las
Uds.	les (a Uds.)	*

* Notice again that there is no direct object pronoun for *you*. In order to express the direct object *you*, use **le** for the singular, and use **les** for the plural.

Quiero ayudarlo.	*I want to help him.*
Quiero ayudarla.	*I want to help her.*
Quiero ayudar**le**.	*I want to help you.*
Quiero ayudarlos.	*I want to help them.*
Quiero ayudarlas.	*I want to help them.*
Quiero ayudar**les**.	*I want to help you. (plural)*

☐ EXERCISE 6

Test your knowledge and complete these sentences with the correct indirect or direct object pronoun. Place the objects either before the first verb or attached to the infinitive.

1. ¿Conoce Ud. a mi amiga Sara? Sí, _____conozco. (her)

2. ¿Dónde está Mario? ¿_____ves? (him)

3. Ella mira a la profesora y _____escucha bien. (her)

4. A ella _____gustan las lecciones. (to her)

5. ¿Por qué siempre _____dices mentiras si yo _____digo la verdad? (to me/to you)

6. ¿Pedro _____va a dar regalos a sus hijos este año? (to them)

7. _____voy a ayudar a cocinar. (them)

8. ¿Cuánto tiempo _____queda? (us)

9. ¿_____escribes a tus padres? (to them)

10. Ellos quieren enviar_____una carta desde Madrid. (to them)

11. ¿Por qué _____ haces preguntas si ya sabes la respuesta? (me)

12. Los niños quieren dar _____a sus padres un beso. (to them)

13. En vez de invitar_____al concierto, él decide ir solo. (her)

14. Antes de ver_____, ella va al cine. (them)

15. ¿Lees el periódico en la mañana o _____lees en la tarde? (it)

16. La comida esta fría y no _____queremos comer. (it)

17. Las lecciones son difíciles, y ella estudia mucho. Después de una hora, ella _____entiende. (them)

18. La maestra repite las preguntas para los estudiantes. Ella _____ repite para practicar la pronunciación también. (them)

19. ¿Dónde están mis llaves? Siempre _____pierdo. No _____ veo. (them/them)

20. _____dan flores pero no _____gustan. (to me/to me)

☐ EXERCISE 7 — ORAL

Review *gustar* and the indirect object and answer the questions orally.

¿CUÁL ES SU OPINIÓN?

1. ¿A los hombres les gusta hablar mucho?

2. ¿A los soldados les gusta luchar o prefieren vivir en paz?

3. ¿A los niños qué les gusta hacer?

4. ¿A quién le gusta trabajar mucho? ¿A quién le gusta ir de vacaciones?

5. ¿Por qué a algunas personas no les gusta nada?

☐ EXERCISE 8
Translate the following into Spanish.

1. I see my friends every Saturday. It is pleasing to us to go to the movies.

2. She looks at the teacher, she listens well, and still she understands nothing.

3. Lisa waits for her sister who always arrives late.

4. We travel to Ecuador in order to be with our relatives.

5. The lesson is difficult and he wants to study it for the test.

6. Can you go to the post office for me? I have a letter for my friend and I want to send it today.

7. Do you want to accompany him to the party? He is shy and doesn't want to go alone.

8. Where do you know her from? Do you see her all the time?

9. She has new shoes but she never wears them.

10. I hardly ever see you.

LA BIENVENIDA

¡Es increíble! Aquí estoy en Italia. Hay muchos italianos en el aeropuerto que esperan a los pasajeros. Yo los miro: un hombre besa a una mujer; tres niños corren hacia una mujer y emocionados la besan, y ella, con lágrimas en los ojos, los besa y los abraza. Una mujer le dice a su novio que lo extraña cuando está lejos de ella; él le dice que la ama. Los niños, tan contentos de ver a sus padres de nuevo, saltan de alegría. Los viajeros como yo, sin familia, (nadie nos espera porque no conocemos a nadie) recogemos nuestras maletas y seguimos a la aduana. No me molesta esperar un rato. Dentro de poco, sellan mi pasaporte y me dan una bienvenida cariñosa.

Salgo del aeropuerto al sol. Camino hacia los taxistas. Hace fresco y estoy bien. Tomo el primer taxi en la fila, le pregunto al conductor cuanto cobra por el viaje y me parece justo. Me lleva a la plaza central donde hay muchos hoteles interesantes. Pago la tarifa, le doy una propina, y con una sonrisa, me bajo del taxi.

Entro en el hotel que me interesa y le pregunto al dueño cuanto cobra por una noche para una persona. Le digo que quiero una habitación sencilla y tranquila con un baño privado. El dueño, muy simpático, me dice que tiene una habitación hermosa que da a la plaza. Después de verla, la tomo. Él mira mi pasaporte. Escribo mi nombre en el registro, y él me da las llaves. Estoy cansada pero estoy emocionada también. Ya es tarde. Decido comer un pasaboca e ir al cuarto para dormir. Yo sé que voy a tener sueños dulces.

Verbos

abrazar	*to embrace*
bajarse de	*to get off*
dar a (la plaza)	*to face, to overlook (the plaza)*
recoger	*to pick up*
saltar	*to jump*
sellar	*to stam*

Nombres

la aduana	*customs*
la bienvenida	*the welcome*
el conductor	*the driver*
el dueño	*the owner*
la fila	*the line*
la lágrima	*the tear*
la maleta	*the suitcase*
el pasaboca	*the snack*
la propina	*the tip*
un rato	*a little while*
el registro	*the register*
la sonrisa	*the smile*
la tarifa	*the fare*
el viajero	*the traveler*

Conjunciones

e	*and*
	for reasons of pronunciation, **y** meaning *and* is replaced by **e** before words beginning with **i–** or **hi–**.

Adjetivos

cariñoso	*affectionate*
emocionado	*excited*

Preguntas

1. ¿Cómo está Isabel al llegar a Italia? Si Ud. piensa que está alegre, ¿por qué? Igualmente, si piensa que está triste, ¿por qué?

2. ¿Espera ella mucho tiempo en el aeropuerto?

3. ¿Qué tiempo hace?

4. ¿Escoge un hotel con cuidado?

5. ¿Quiere Isabel salir la primera noche? ¿Qué hace?

CHAPTER 12

REFLEXIVE VERBS

A verb is reflexive when the subject and the object refer to the same person. The purpose of the reflexive verb is to show that the action of the verb remains with the subject.

For example: I wash myself.

I	–	subject
wash	–	verb
myself	–	object

The reflexive pronouns

The reflexive pronouns are object pronouns.

me	–	*myself*
te	–	*yourself*
se	–	*himself, herself, yourself*
nos	–	*ourselves*
os	–	*yourselves*
se	–	*themselves, yourselves*

Lavarse -- *to wash oneself*

- In the Spanish reflexive verb, **–se** is added to the infinitive.
- In order to conjugate the reflexive verb, **–se** is dropped and the reflexive pronoun is placed before the conjugated verb.
- The reflexive verb always has a reflexive pronoun.

yo **me** lavo	*I wash myself*	nosotros **nos** lavamos	*we wash ourselves*
tú **te** lavas	*you wash yourself*	vosotros **os** laváis	*you wash yourselves*
él **se** lava	*he washes himself*	ellos **se** lavan	*they wash themselves*
ella **se** lava	*she washes herself*	ellas **se** lavan	*they wash themselves*
Ud. **se** lava	*you wash yourself*	Uds. **se** lavan	*you wash yourselves*

Compare the reflexive verb with the non-reflexive verb.

Reflexive:	Él se lava.	*He washes <u>himself.</u>*
Non-reflexive:	Él lava el carro.	*He washes <u>the car.</u>*

Some frequently used reflexive verbs

Bañarse -- *to bathe oneself*

yo me baño	nosotros nos bañamos
tú te bañas	vosotros os bañáis
él se baña	ellos se bañan

Dedicarse -- *to dedicate oneself*

yo me dedico	nosotros nos dedicamos
tú te dedicas	vosotros os dedicáis
ella se dedica	ellas se dedican

Defenderse -- *to defend oneself*

yo me defiendo	nosotros nos defendemos
tú te defiendes	vosotros os defendéis
Ud. se defiende	Uds. se defienden

Divertirse -- *to amuse oneself, to have a good time*

yo me divierto	nosotros nos divertimos
tú te diviertes	vosotros os divertís
él se divierte	ellos se divierten

Expresarse -- *to express oneself*

yo me expreso	nosotros nos expresamos
tú te expresas	vosotros os expresáis
ella se expresa	ellas se expresan

Llamarse -- *to call oneself*

yo me llamo	nosotros nos llamamos
tú te llamas	vosotros os llamáis
Ud. se llama	Uds. se llaman

Preguntarse -- *to ask oneself, to wonder*

yo me pregunto	nosotros nos preguntamos
tú te preguntas	vosotros os preguntáis
él se pregunta	ellos se preguntan

A word about the reflexive verbs

It is not necessary to use both the subject pronoun and the reflexive pronoun, except in the third person for clarity. From now on, the subject pronouns *yo, tú, nosotros, vosotros* will be omitted. Practice these verbs aloud with their reflexive pronouns.

Acostarse -- *to go to bed*

me acuesto	nos acostamos
te acuestas	os acostáis
él se acuesta	ellos se acuestan

Despertarse -- *to wake up, to wake oneself*

me despierto	nos despertamos
te despiertas	os despertáis
Ud. se despierta	Uds. se despiertan

Ducharse -- *to shower, to take a shower*

me ducho	nos duchamos
te duchas	os ducháis
él se ducha	Ellos se duchan

Dormirse -- *to fall asleep*

me duermo	nos dormimos
te duermes	os dormís
ella se duerme	ellas se duermen

Enfermarse -- *to get sick*

me enfermo	nos enfermamos
te enfermas	os enfermáis
Ud. se enferma	Uds. se enferman

Levantarse -- *to get up, to raise oneself*

me levanto	nos levantamos
te levantas	os levantáis
él se levanta	ellos se levantan

Sentarse -- *to sit down, to seat oneself*

me siento	nos sentamos
te sientas	os sentáis
ella se sienta	ellas se sientan

Vestirse -- *to get dressed*

me visto	nos vestimos
te vistes	os vestís
Ud. se viste	Uds. se visten

Position of the reflexive pronoun

The reflexive pronoun has two positions.

- In the first position, it is placed directly before the conjugated verb.

Nos despertamos a las ocho.   *We wake up at eight o'clock.*

Nos levantamos a las ocho y media.   *We get up at eight thirty.*

Ellos **se** divierten los fines de semana.   *They have a good time on weekends.*

¿A qué hora **te** acuestas?   *At what time do you go to bed?*

- In the second position, the reflexive pronoun is attached to the infinitive.

Ella va a **dedicarse** a la ley.   *She is going to dedicate herself to the law.*

Voy a **bañarme** antes de **acostarme**.   *I am going to bathe myself before going to bed.*

Queremos **expresarnos** bien   *We want to express ourselves well*
en español.   *in Spanish.*

☐ EXERCISE 1

Complete the sentences with the appropriate verb and conjugation. Use each verb only one time. *Acostarse, bañarse, dedicarse, despertarse, divertirse, dormirse, ducharse, expresarse, levantarse, llamarse, sentarse.*

1. Soy enfermera; tengo que _____ a las seis de la mañana.

2. Después de despertarme, _____ y voy a la cocina a preparar mi desayuno.

3. Antes de vestirme, _____ o _____ .
   Me gusta cantar en el baño.

4. A las siete, _____ en la mesa para comer.

5. Tengo dos buenos amigos; _____ Carlos y Julia.

6. Ellos son abogados y _____ a defender a la gente.

7. Trabajamos mucho durante la semana y _____ los fines de semana.

8. Practicamos la gramática de español por horas y horas en conversación y siempre tratamos de _____ bien.

9. Durante la semana, les hablo por teléfono. A mí me gusta leer hasta tarde, pero a ellos les gusta _____ a las once.

10. Me gusta acostarme a las doce. _____ rápidamente.

Reflexive verbs with parts of the body and clothing

Note that the possessive adjective is not used with the reflexive verb.

Afeitarse -- *to shave*
me afeito	nos afeitamos
te afeitas	os afeitáis
él se afeita	ellos se afeitan

Cepillarse los dientes, el pelo -- *to brush one's teeth, one's hair*
me cepillo	nos cepillamos
te cepillas	os cepilláis
ella se cepilla	ellas se cepillan

Maquillarse la cara -- *to make up one's face, to put makeup on*
me maquillo	nos maquillamos
te maquillas	os maquilláis
Ud. se maquilla	Uds. se maquillan

Peinarse el pelo -- *to comb one's hair*
me peino	nos peinamos
te peinas	os peináis
él se peina	ellos se peinan

Pintarse (las uñas) -- *to put makeup on, to put nail polish on*
me pinto	nos pintamos
te pintas	os pintáis
ella se pinta	ellas se pintan

Ponerse -- *to put on (clothing)*

me pongo
te pones
Ud. se pone

nos ponemos
os ponéis
Uds. se ponen

Quitarse -- *to take off (clothing)*

me quito
te quitas
él se quita

nos quitamos
os quitáis
ellos se quitan

Reflexive verbs that express emotion

regular

Alegrarse (de)	to become happy, to be glad
Animarse	to cheer up
Asustarse	to get frightened, scared
Calmarse	to calm down
Enfadarse (con)	to get angry
Enojarse (con)	to get angry
Preocuparse (de)	to worry
Tranquilizarse	to calm down

Reflexive verbs that express movement

regular

Quedarse -- *to remain*
Mudarse -- *to move (from one place to another)*
Pararse -- *to stand up*

irregular

Caerse -- *to fall down*

me caigo
te caes
él se cae

nos caemos
os caéis
ellos se caen

Irse -- *to go away, to leave quickly*

me voy
te vas
ella se va

nos vamos
os vais
ellas se van

Moverse -- *to move*

me muevo
te mueves
Ud. se mueve

nos movemos
os movéis
Uds. se mueven

☐ EXERCISE 2

Complete the sentences with the appropriate verb and conjugation. Use each verb only one time. *Afeitarse, alegrarse, caerse, cepillarse, enojarse, mudarse, peinarse, pintarse, ponerse, preocuparse, quedarse, quitarse, tranquilizarse.*

1. El niño alegre está en el árbol. No tiene miedo de _____ .

2. El esposo _____ la barba mientras su esposa _____ las uñas.

3. No entiendo por qué _____ tú si alguien te critica.

4. Al entrar en el apartamento lujoso, nosotros _____los zapatos.

5. Hace frío y ellos _____un súeter y una chaqueta.

6. Es un buen hotel, pero no quiero _____en esta ciudad.

7. El estudiante _____mucho porque tiene un examen mañana.

8. Voy a _____a San Francisco; me dicen que es un sitio hermoso.

9. Ella está nerviosa; para_____ella toma leche caliente.

10. Nosotros _____mucho de escuchar las buenas noticias.

11. Antes de dormirme, siempre _____los dientes.

12. Después de despertarse, ellos _____el cabello.

Reflexive verbs that express 'to become'

Ponerse + adjective
The most common expression for *to become;* it is used for physical or emotional changes.

Me pongo brava al escuchar las noticias.	*I become angry upon hearing the news.*
Ella se pone roja porque es tímida.	*She gets red(blushes) because she is shy.*

Volverse + adjective
Used to express a sudden, involuntary change.

Hasta los psicólogos se vuelven locos.	*Even the psychologists go crazy.*

Hacerse and **llegar a ser**
Used with nouns expressing profession; they imply effort on the part of the subject.

Ella se hace doctora.	*She is becoming a doctor.*
Él llega a ser doctor también.	*He is becoming a doctor also.*

Regular

Arreglarse	*to get ready to go out, to fix oneself up*
Aprovecharse (de)	*to take advantage of*
Atreverse (a)	*to dare to*
Burlarse (de)	*to make fun of*
Callarse	*to become quiet*
Demorarse	*to delay*
Desayunarse	*to have breakfast*
Enamorarse (de)	*to fall in love with*
Equivocarse	*to make a mistake*
Fiarse (en)	*to trust, to have trust in*
Fijarse (en)	*to notice*
Lastimarse	*to hurt oneself*
Llevarse (bien)**(con)**	*to get along (well) with*
Mejorarse	*to get better*
Meterse (en)	*to get involved in, to meddle*
Portarse (bien, mal)	*to behave oneself (well, badly)*
Quejarse (de)	*to complain about*
Quemarse	*to burn oneself, to get burned*
Reunirse (con)	*to meet with*

Irregular

Acordarse (de) -- *to remember*

me acuerdo	nos acordamos
te acuerdas	os acordáis
él se acuerda	ellos se acuerdan

Darse cuenta (de) -- *to realize*

me doy cuenta	nos damos cuenta
te das cuenta	os dais cuenta
ella se da cuenta	ellas se dan cuenta

Encontrarse (con) -- *to meet*

me encuentro	nos encontramos
te encuentras	os encontráis
Ud. se encuentra	Uds. se encuentran

A word about the prepositions which follow reflexives

The prepositions cannot be omitted even if the English translation does not include them:

Me fijo mucho **en** los detalles.   *I notice the details a lot.*
Él se acuerda **de** ella.   *He remembers her.*

Morirse -- *to die*

me muero	nos morimos
te mueres	os morís
él se muere	ellos se mueren

Parecerse (a) -- *to resemble, to look like*

me parezco	nos parecemos
te pareces	os parecéis
Ud. se parece	Uds. se parecen

Reírse -- *to laugh*

me río	nos reímos
te ríes	os reís
él se ríe	ellos se ríen

Sentirse (bien, mal) -- *to feel (well, ill, any emotion or health)*

me siento	nos sentimos
te sientes	os sentís
ella se siente	ellas se sienten

□ EXERCISE 3

Complete the sentences with the reflexive verbs. Use each verb only one time. Be sure to include the prepositions when you need them. *Acordarse, aprovecharse, atreverse, burlarse, callarse, demorarse, desayunarse, enamorarse, encontrarse, equivocarse, fiarse, fijarse, meterse, paracerse, ponerse, portarse, quejarse, reírse.*

1. A la familia le gusta comer juntos en la mañana. Siempre _____ con cereal y jugo antes de salir de la casa.

2. A los adolescentes les gusta ir a la escuela secundaria porque _____ sus amigos todos los días.

3. Muchas personas _____ nerviosas antes de tener un examen.

4. La niña feliz piensa que todo es gracioso; ella _____ todo el tiempo.

5. Él _____ mucho porque habla sin saber nada.

6. Yo no _____ nunca del número de teléfono de mi tío.

7. ¿_____ Ud. de una buena situación?

8. Ella _____ sus vecinos porque hacen mucho ruido.

9. La obra de teatro es interesante; el tiempo pasa rápidamente y la audiencia no _____ la hora.

10. Nadie debe _____ nadie.

11. La hija tiene la misma nariz que su mamá. _____ mucho.

12. No me gusta _____ los problemas de otros.

13. Ella llega tarde porque _____ los trenes durante la hora pico.

14. El hombre soltero _____ locamente de la mujer hermosa.

15. Nosotros _____ para escuchar hablar al experto que habla en voz baja.

16. Carla tiene miedo del agua y no _____ viajar en barco.

17. ¿Piensan Uds. que los adolescentes _____ bien o mal?

18. Él no tiene amigos porque no _____ nadie.

Here is a review chart of the indirect object, the direct object pronouns, and the reflexive pronouns.

Subject pronoun	Indirect object	Direct obj. pronoun	Reflexive pronoun
yo	me	me	me
tú	te	te	te
él	le	lo	se
ella	le	la	se
Ud.	le	le	se
nosotros	nos	nos	nos
vosotros	os	os	os
ellos	les	los	se
ellas	les	las	se
Uds.	les	les	se

Reflexive verbs with reciprocal meanings

The plural forms of reflexive verbs are used to express *each other.* If the meaning is unclear, Spanish uses **el uno al otro, la una a la otra, los unos a los otros, las unas a las otras** for clarification.

Ayudarse	*to help each other*
Conocerse	*to know each other*
Entenderse	*to understand each other*
Escribirse	*to write each other*
Hablarse	*to speak to each other*
Quererse	*to love each other*
Verse	*to see each other*

Elena y Paula se ayudan mucho.	*Helen and Paula help each other a lot.*
Mis amigos se ayudan el uno al otro.	*My friends help each other.*
Nos conocemos bien.	*We know each other well.*
¿Se conocen Uds?	*Do you know each other?*
Las dos hermanas se entienden bien.	*The two sisters understand each other well.*
Roberto y Sonia se quieren.	*Robert and Sonia love each other.*
Ellos se ven todos los días.	*They see each other every day.*

SE and the impersonal expression

In these expressions, the verb has no personal subject. In English these sentences are translated by such subjects as: *one, they, people (in general)* or the passive voice.

The third person singular or plural of the verb is used.

English construction: How do you say, 'hello' in Spanish?
Spanish construction: ¿Cómo **se dice** 'hello' en español?

Se vive bien en este país.	*One lives well in this country.*
Se cree que los italianos son románticos.	*It is believed (one believes, people believe) that Italians are romantic.*
Se sabe que él es un buen trabajador.	*It is known that he is a good worker.*
Aquí **se habla** español.	*One speaks Spanish here. Spanish is spoken here.*
No **se permite** nadar aquí.	*It is not permitted to swim here.*

¿Dónde **se puede** estacionar en Nueva York?   *Where can one park in New York?*

Se prohibe fumar.   *It is prohibited to smoke.*

☐ EXERCISE 4
Complete the story by filling in the blanks with the verbs in parenthesis.

Ricardo _____(wakes up) a las seis todos los días. Él _____

(takes a shower) antes de _____(to get dressed). Le gusta

_____ (to have breakfast) en casa antes de salir para su trabajo.

Ricardo_____(meets with) sus colegas a las siete y media de la

mañana. Todos son bomberos y_____(dedicate themselves) a apagar

incendios. _____(They help each other). _____

(One says) que los bomberos son héroes; _____(they dare to) a

entrar en edificios peligrosos sin _____(to worry). Ellos

ayudan a la gente a_____(calm down) y _____

(to feel) mejor. De vez en cuando, _____(they delay) en

apagar el incendio y el edificio _____(gets burned). Ricardo

_____(stays) en la estación de bomberos por tres días. Al regresar a

casa, él come algo, _____(takes a bath),_____

(goes to bed) temprano y _____(falls asleep) rápidamente.

EL ENCUENTRO

Me despierto bien. Me gustan las cortinas delgadas porque dejan entrar la luz de la
mañana. Más allá de mi ventana, veo las plantas exuberantes de verde radiante. Después
de ducharme largamente, me pongo un vestido sencillo pero elegante y salgo del hotel con
el libro de turismo en mi bolsa. Busco un restaurante acogedor para tomar el primer café
del día. Entro en uno que tiene un ambiente agradable y miro todos los pasteles. No
puedo escoger entre el de nata y la torta con crema y fruta; pues, pido dos pasteles y un
café solo, y me los da. Me siento en una mesa hermosa para dos.

El café está fuerte y delicioso. No hay razón para apresurarme y como los pasteles
tranquilamente. El restaurante se llena; se ve que la gente es muy amable y habladora.
Conversan con todo el cuerpo, sobre todo con las manos. ¿De qué hablan, tan animados, a
esta hora tan temprano de la mañana?

No conozco a nadie. Pero me parece posible encontrarme a alguien, a una persona con
quien pueda tener una conversación interesante. (Este restaurante es un buen sitio; no
me muevo de aquí por un rato). Alguien va a verme, aquí sentada, y en vez de pasar por
mi mesa sin decir nada, me va a decir; "Señorita, está ocupada esta silla?" Yo le voy a
contestar con una sonrisa, "No, Ud. puede sentarse." Y él se sienta complacido. Dentro
de poco somos amigos, y después de tomar otro café y otro pastel, él me invita a
acompañarlo a un museo y tomar un vino con él. Charlamos y nos reímos y nos
divertimos mucho durante nuestra cena de pescado y camarones. A lo lejos, en la
distancia, lo veo venir.

Verbos

apresurarse	*to rush*
charlar	*to chat*
conversar	*to converse*

dejar	to let
escoger	to choose
llenarse	to fill up
moverse	to move
pedir	to ask for, to request

Nombres

los camarones	the shrimp
la nata	the cream
el pastel	the pastry

Expresiones

a lo lejos	far away
más allá de mi ventana	outside my window
sobre todo	above all

Adjetivos

acogedor	cozy
animado	energetic, excited
complacido	satisfied
delgado	thin, slim
hablador/a	talkative
ocupado	busy
radiante	radiant
sentado	seated

Preguntas

1. ¿Cómo se despierta?

2. Después de vestirse, ¿adónde va?

3. ¿Por que escoge ella una mesa para dos?

4. Mientras ella come los pasteles, ¿lee Isabel su libro?

5. ¿Dónde tiene lugar la conversación que ella tiene con el hombre?

6. Al final de este cuento, ¿está ella sola o acompañada?

CHAPTER 13

THE PRESENT SUBJUNCTIVE

The present subjunctive is a mood in the present tense, widely used in Spanish but rarely used in English. So far you have studied the present tense in the indicative mood, the most frequently used mood in the language. Next is the present subjunctive. It is important to learn it now so that you can express yourself confidently and freely in the present tense.

Formation of the present subjunctive

- Almost all verbs are formed from the first person singular 'yo' form of the present indicative. Drop off the **–o** to get the root for the present subjunctive.

- Verbs that are irregular in the present indicative are irregular in the present subjunctive in the same way.

- There are only six verbs that are not formed from the 'yo' form of the present indicative.

Uses of the present subjunctive

The present subjunctive cannot exist alone; that is, it is always caused by some element in the sentence.

- After impersonal expressions

- After specific verbs

- After certain conjunctions

- After certain dependent adjective clauses

- After certain expressions

In order to conjugate the <u>regular</u> and <u>irregular</u> –**ar** verb, start with the 'yo' form of the present indicative. Drop the –**o** and add –**e, –es, –e,–emos, –éis, –en** to the stem.

–AR VERBS

Infinitive	'yo' conjugation	present subjunctive	
Cantar	<u>cant</u>o	yo cante*	nosotros cantemos
		tú cantes	vosotros cantéis
		él cante *	ellos canten
Bailar	<u>bail</u>o	yo baile	nosotros bailemos
		tú bailes	vosotros bailéis
		ella baile	ellas bailen
Cerrar	<u>cierr</u>o	yo cierre	nosotros cerremos**
		tú cierres	vosotros cerréis**
		Ud. cierre	Uds. cierren
Pensar	<u>piens</u>o	yo piense	nosotros pensemos
		tú pienses	vosotros penséis
		ella piense	ellas piensen
Recordar	<u>recuerd</u>o	yo recuerde	nosotros recordemos
		tú recuerdes	vosotros recordéis
		él recuerde	ellos recuerden

A word about the present subjunctive

The first two examples, *cantar* and *bailar,* are regular. The second three; *cerrar, pensar* and *recordar* are irregular in the present indicative. The formation of the subjunctive comes from the conjugation of the <u>first person singular</u> of the present indicative. Any irregularity that the verb has in the present indicative 'yo' form also occurs in the present subjunctive. To learn the subjunctive well, practice the 'yo' form of the verbs for that will be the stem of the present subjunctive.

*the first person singular and the third personal singular are identical.

** the 'nosotros' and 'vosotros' forms are unaffected by the stem changes in the –**ar** and –**er** verbs.

Present subjunctive of –er and –ir verbs

In order to conjugate both the <u>regular</u> and <u>irregular</u> **–er** and **–ir** verbs, drop the **–o** from the first person singular and add **–a, –as, –a, –amos, –áis, –an** to the stem.

-ER VERBS

Comer   <u>com</u>o

yo coma	nosotros comamos
tú comas	vosotros comáis
él coma	ellos coman

Querer   <u>quier</u>o

yo quiera	nosotros queramos
tú quieras	vosotros queráis
ella quiera	ellas quieran

Poder   <u>pued</u>o

yo pueda	nosotros podamos
tú puedas	vosotros podáis
Ud. pueda	Uds. puedan

Ver   <u>ve</u>o

yo vea	nosotros veamos
tú veas	vosotros veáis
él vea	ellos vean

-IR VERBS

Vivir   <u>viv</u>o

yo viva	nosotros vivamos
tú vivas	vosotros viváis
él viva	ellos vivan

Mentir   <u>mient</u>o

yo mienta	nosotros mintamos*
tú mientas	vosotros mintáis*
ella mienta	ellas mientan

Pedir   <u>pid</u>o

yo pida	nosotros pidamos*
tú pidas	vosotros pidáis*
Ud. pida	Uds. pidan

Dormir   <u>duerm</u>o

yo duerma	nosotros durmamos*
tú duermas	vosotros durmáis*
él duerma	ellos duerman

---

*In the **–ir** irregular verbs, there is an additional irregularity in the 'nosotros' and 'vosotros' forms. Stem change: <u>e> ie</u> or <u>e>i</u> has an **–i–** in the 'nosotros' and 'vosotros' form. Stem change: <u>o>ue</u> has a **–u–** in the 'nosotros' and 'vosotros.'

In the subjunctive, these verbs will carry the irregularity of the first person singular throughout the conjugations. There are no **–ar** verbs which have this irregularity.

Conocer	<u>conoz</u>co	yo conozca	nosotros conozcamos
		tú conozcas	vosotros conozcáis
		él conozca	ellos conozcan
Decir	<u>dig</u>o	yo diga	nosotros digamos
		tú digas	vosotros digáis
		ella diga	ellas digan
Hacer	<u>hag</u>o	yo haga	nosotros hagamos
		tú hagas	vosotros hagáis
		Ud. haga	Uds. hagan
Poner	<u>pon</u>go	yo ponga	nosotros pongamos
		tú pongas	vosotros pongáis
		él ponga	ellos pongan
Salir	<u>sal</u>go	yo salga	nosotros salgamos
		tú salgas	vosotros salgáis
		ella salga	ellas salgan
Tener	<u>ten</u>go	yo tenga	nosotros tengamos
		tú tengas	vosotros tengáis
		Ud. tenga	Uds. tengan
Traer	<u>traig</u>o	yo traiga	nosotros traigamos
		tú traigas	vosotros traigáis
		él traiga	ellos traigan
Venir	<u>ven</u>go	yo venga	nosotros vengamos
		tú vengas	vosotros vengáis
		ella venga	ellas vengan

There are only six verbs not formed from the first person singular. They are irregular in that they cannot be formed from the 'yo' conjugation.

Dar	doy	yo dé*	nosotros demos
		tú des	vosotros deis
		él dé*	ellos den
Estar	estoy	yo esté	nosotros estemos
		tú estés	vosotros estéis
		ella esté	ellas estén
Ir	voy	yo vaya	nosotros vayamos
		tú vayas	vosotros vayáis
		Ud. vaya	Uds. vayan
Saber	sé	yo sepa	nosotros sepamos
		tú sepas	vosotros sepáis
		él sepa	ellos sepan
Ser	soy	yo sea	nosotros seamos
		tú seas	vosotros seáis
		ella sea	ellas sean
Haber**		yo haya	nosotros hayamos
		tú hayas	vosotros hayáis
		Ud. haya	Uds. hayan

---

*dé has an accent in order to distinguish it from de (of).

**The word hay comes from the infinitive haber. You will not need this form for any other use right now.

These verbs are not irregular. The spelling changes simply maintain the sound of the 'yo' conjugation. The following are some examples:
Verbs that end in −**gar** change **g** to **gu;** verbs that end in −**car** change **c** to **qu;** verbs that end in −**zar** change **z** to **c.**

Apagar	yo apago	yo apague	nosotros apaguemos
		tú apagues	vosotros apaguéis
		él apague	ellos apaguen
Buscar	yo busco	yo busque	nosotros busquemos
		tú busques	vosotros busquéis
		Ud. busque	Uds. busquen
Comenzar	yo comienzo	yo comience	nosotros comencemos
		tú comiences	vosotros comencéis
		ella comience	ellas comiencen
Empezar	yo empiezo	yo empiece	nosotros empecemos
		tú empieces	vosotros empecéis
		él empiece	ellos empiecen*
Explicar	yo explico	yo explique	nosotros expliquemos
		tú expliques	vosotros expliquéis
		Ud. explique	Uds. expliquen
Llegar	yo llego	yo llegue	nosotros lleguemos
		tú llegues	vosotros lleguéis
		ella llegue	ellas lleguen
Tocar	yo toco	yo toque	nosotros toquemos
		tú toques	vosotros toquéis
		Ud. toque	Uds. toquen

A word about pronunciation of the present subjunctive
Like the present indicative, the stress in the present subjunctive tense is the second to last syllable. As you practice, make sure you pronounce the verbs in this way: yo <u>can</u>te, tú <u>can</u>tes, él <u>can</u>te, nosotros can<u>te</u>mos, ellos <u>can</u>ten. If a word carries an accent mark, stress the accented syllable: vosotros can<u>téis.</u>

*the **z** > **c** occurs before the vowel **e** without affecting the sound. The consonants **c,** (before **i** and **e**), **s** and **z** all have the same sound.

Uses of the present subjunctive

Remember that the subjunctive mood cannot exist alone; it must always be caused by some other element in the sentence. This is a mood which expresses wishes, doubts, and what is possible rather than what is certain. The following are the specific uses of the present subjunctive.

After impersonal expressions

A sentence or question may consist of a main clause and a dependent or subordinate clause connected by the Spanish conjunction **que.**

>Él sabe == is the main clause
>que yo cocino bien. == is the dependent clause

Now insert an impersonal expression into the main clause:

>Es dudoso

and this will cause the subjunctive in the dependent clause.

>Es dudoso que yo **cocine** bien.   *It is doubtful that I cook well.*

Frequently used impersonal expressions:

Es bueno (que)	*it is good*
Es difícil (que)	*it is difficult*
Es dudoso (que)	*it is doubtful*
Es fácil (que)	*it is easy*
Es imposible (que)	*it is impossible*
Es importante (que)	*it is important*
Es malo (que)	*it is bad*
Es mejor (que)	*it is better*
Es necesario (que)	*it is necessary*
Es posible (que)	*it is possible*
Es probable (que)	*it is probable*
Es preciso (que)	*it is extremely necessary*
Es una lástima (que)	*it is a pity*
Es urgente (que)	*it is urgent*

Es importante que ella **coma** bien.	*It is important that she eat well.*
Es necesario que **estudiemos** para el examen.	*It is necessary that we study for the test.*
Es imposible que él **tenga** razón.	*It is impossible that he is right.*
¿Es posible que ella **venga** mañana?	*Is it possible that she will come tomorrow?*
Es probable que mi amiga me **vea** en el restaurante.	*It is probable that my friend will see me in the restaurant.*
Es un lástima que Pedro no lo **quiera** hacer.	*It is a pity that Peter doesn't want to do it.*
Es dudoso que **viajemos** a España.	*It is doubtful that we will travel to Spain.*

- Once you begin a sentence with these impersonal expressions, it is mandatory to use the subjunctive in the dependent clause. You do not have to make any decisions, nor do you have a choice about whether or not to use it. These impersonal expressions in the main clause always trigger the subjunctive in the subordinate clause.

- Notice that some of these sentences and questions are translated with the future in English. This is because the present subjunctive carries with it a feeling of the future and doubt.

- If you wish to make a general statement with an impersonal expression, there is neither a dependent clause nor a subjunctive. You simply use the structure you have already learned which follows English word order.

Es importante comer bien.	*It is important to eat well.*
¿Es necesario trabajar mucho?	*Is it necessary to work a lot?*
Es posible salir temprano.	*It is possible to leave early.*
Es bueno nadar cada día.	*It is good to swim every day.*

☐ EXERCISE 1

Complete the sentences by using the verb in parenthesis.

1. Es importante que nuestros amigos __*vengan*__ a la fiesta. (venir)

2. Es posible que él me _____ la verdad. (decir)

3. Es una lástima que Sara no lo _____. (hacer)

4. ¿Es posible que Uds. _____ a mi amigo Raúl? (conocer)

5. Es necesario que nosotros _____ bien. (dormir)

6. Es importante que ella _____ bien las direcciones. (saber)

7. Es necesario que nosotros _____ mucha agua fría en el verano. (tomar)

8. Es dudoso que ellos _____ temprano. (levantarse)

9. ¿Es posible que ella _____ a tiempo? (llegar)

10. Es posible que yo _____ en Francia. (quedarse)

11. Es probable que mucha gente importante _____ en la conferencia. (estar)

12. Es difícil que yo te _____ una buena respuesta. (dar)

13. Es urgente que tú _____ al doctor hoy. (ir)

14. Es dudoso que ellos _____ ricos. (ser)

15. Es importante que los padres les _____ a sus hijos. (leer)

16. La niña acaba de comer. Es imposible que _____ hambre. (tener)

17. Es probable que nosotros le _____ flores al profesor. (traer)

18. Es bueno que Uds. _____ mejor. (sentirse)

1. Verbs that express wishes and preferences <u>with regard to other people</u> in the main clause will cause the subjunctive mood in the dependent clause. The subject in the main clause must be different from the subject in the dependent clause.

Querer	*to want*
Desear	*to desire*
Preferir	*to prefer*

Here is a sentence with a main clause and a subordinate clause in the indicative mood.

Él sabe == is the main clause
que yo canto. == is the dependent clause

Now insert one of these verbs which causes the subjunctive mood into the main clause:

Él quiere

and this will cause the subjunctive in the dependent clause.

Él quiere que yo **cante.**　　　*He wants that I sing.*
　　　　　　　　　　　　　　　He wants me to sing.

- The English equivalent does not always show the distinction in moods as does the Spanish sentence. But even in the English translation of the above example, it is clear that the person in the main clause, *he,* wants the other person, *me,* to do something.

Quiero que él **baile.**　　　*I want him to dance.*

Deseamos que ella **esté** bien.　　　*We want her to be well.*

Ella prefiere que su hijo **juegue** al béisbol.　　　*She prefers that her son play baseball.*

- If the subject of the main clause and the subject of the dependent is the same, there is neither a dependent clause nor a subjunctive.

Yo quiero cantar.　　　*I want to sing.*
Deseamos descansar.　　　*We want to rest.*
Élla prefiere dormir.　　　*She prefers to sleep.*

2. Verbs that express hope, happiness, sadness, and regret with regard to other people in the main clause will cause the subjunctive mood in the dependent clause.

Alegrarse de	*to be glad*
Esperar	*to hope*
Estar contento de	*to be happy*
Estar triste de	*to be sad*
Gustarle a uno	*to be pleasing*
Sentir	*to regret*
Tener miedo de, temer	*to be afraid of, to fear*

Me alegro de que Uds. **estén** bien.

I am glad that you are well.

Esperamos que Ud. **tenga** un buen fin de semana.

We hope that you have a good weekend.

La maestra está contenta de que **hagamos** la tarea.

The teacher is happy that we do the homework.

¿Estás triste de que no **podamos** aceptar tu invitación?

Are you sad that we cannot accept your invitation?

Me gusta que mi familia **venga** a verme.

It pleases me that my family is coming to see me.

Lo siento que Ud. nunca se **gane** la lotería.

I am sorry that you never win the lottery.

El líder tiene miedo de que el grupo no **resuelva** el problema.

The leader fears that the group will not resolve the problem.

Los padres temen que sus hijos no **quieran** estudiar.

The parents fear that their children don't want to study.

- If the subject of the main clause and the dependent clause is the same, the sentence follows the basic structure that you have learned.

Me alegro de estar aquí.
Él espera salir dentro de una hora.
Me gusta ir al cine.
Ella tiene miedo de volar.

I am glad to be here.
He hopes to leave within the hour.
It pleases me to go to the movies.
She is afraid of flying.

3. Verbs that express orders, requests, or advice in the main clause will cause the subjunctive mood in the dependent clause.

Aconsejar	*to advise*
Decir	*to tell (someone to do something)*
Dejar	*to permit, to let*
Insistir en	*to insist*
Pedir	*to request, to ask for*
Permitir	*to permit*
Prohibir	*to prohibit*
Mandar	*to order*
Sugerir	*to suggest*

Te aconsejo que **tomes** el tren.   *I advise you to take the train.*

Élla insiste en que yo **me quede**.   *She insists that I stay.*

Les pedimos que **vayan** de vacaciones.   *We ask them to go on vacation.*

Le sugiero que Ud. **lea** este artículo.   *I suggest that you read this article.*

- **Dejar, mandar, permitir,** and **prohibir** can be used in two ways:

Les dejo que **entren.**   *I let them enter.*
Les dejo entrar.

Te permito que **nades** aquí.   *I permit you to swim here.*
Te permito nadar aquí.

Te prohibo que **fumes** en la casa.   *I prohibit you to smoke in the house.*
Te prohibo fumar en la casa.

El capitán les manda que los soldados   *The captain orders the soldiers to rest.*
descansen. Les manda descansar.   *He orders them to rest.*

- **Decir**

Decir is used, as you have learned, to relate a fact. This idea is expressed with the indicative.

José nos dice que el tren viene.   *Joe tells us that the train is coming.*
Ella me dice que le gusta viajar.   *She tells me that she likes to travel.*

But when **decir** is used as an <u>order,</u> the subjunctive is used in the dependent clause.

Yo te digo que **vayas** al doctor.   *I tell you to go to the doctor.*

Ud. me dice que yo **me quede.**	*You tell me to stay.*
Les decimos que **se acuesten** ahora.	*We tell them to go to bed now.*
Él nos dice que **tengamos** cuidado.	*He tells us to be careful.*
¿Puede Ud. decirle que me **llame**?	*Can you tell her to call me?*

- To help keep these two ideas apart, notice that the command form in English, when *to tell* is being used to order someone to do something, the English structure is always the <u>conjugation of the verb *to tell* + the infinitive</u>.

The English structure is:	*I tell him to stay.*
	He tells me to go.
Compare that to simply relating a fact:	*He tells me that the bus is here.*

4. Verbs that express doubt or uncertainty in the main clause will cause the subjunctive mood in the dependent clause.

Dudar	*to doubt*
No creer	*not to believe*
No pensar	*not to think*

Ella duda que yo **sepa** tocar el piano.	*She doubts that I know how to play the piano.*
La gente no cree que **sea** la verdad.	*The people don't believe that it is the truth.*
No pensamos que Daniel nos **invite** a la fiesta.	*We don't think that Daniel will invite us to the party.*

☐ EXERCISE 2

Complete the sentences with the correct form of the subjunctive.

1. ¿Qué quieres que yo te _____? (decir)

2. Él quiere que su amiga _____ la cuenta. (pagar)

3. Espero que Uds. _____ bien. (sentirse)

4. Ellos se alegran de que el bebé _____. (dejar de llorar)

5. Ellos nos piden que _____ mejor la idea. (explicar)

6. A él no le gusta que yo siempre _____razón. (tener)

7. Rosa insiste en que su jefe le _____más dinero. (dar)

8. No creo que Alicia _____la fecha. (saber)

9. Ellas dudan que _____mucho tráfico hoy. (haber)

10. Les sugiero a sus padres que _____de vacaciones. (ir)

11. Me alegro de que no _____nada grave. (ser)

12. Los expertos nos aconsejan que _____ejercicio. (hacer)

13. Paula espera que su hermana _____bien. (estar)

14. Yo dudo que Uds. me _____en la reunión. (ver)

☐ EXERCISE 3
Change these indicative sentences to form the subjunctive. Choose any appropriate verb that causes the subjunctive in the dependent clause.

1. A mis padres les gusta viajar. *Quiero que ellos viajen.*

2. Mi amigo tiene malos sueños. _____

3. Ella no se divierte mucho. _____

4. Nosotros somos buenos estudiantes. _____

5. No vamos a volver a los Estados Unidos. _____

6. Sara me trae flores a mi casa. _____

7. ¿Conoce Ud. a mi tío? _____

8. Mi hermano y yo no nos vemos mucho. _____

9. ¿Hay clase los lunes? _____

10. Carla es de Polonia. _____

☐ EXERCISE 4

Indicative or subjunctive? Complete the sentences with the correct form of the verb in parenthesis.

1. Espero que Uds. _**tengan**_ un buen fin de semana. (tener)

2. Yo sé que Uds. _**tienen**_ muchos amigos. (tener)

3. Ricardo prefiere que yo lo _____ en febrero. (visitar)

4. Él quiere que nosotros le _____ recuerdos. (traer)

5. Nos gusta que él nos _____. (amar)

6. Es importante que nos _____ cada año. (ver)

7. ¿Sabe Ud. que ellos _____ aquí? (estar)

8. Yo pienso que Rosario _____ poco. (quejarse)

9. Dudo que ella _____. (entender)

10. Lo sentimos que tú no _____ acompañarnos. (poder)

11. Espero que ella _____ de las instrucciones. (acordarse)

12. ¿No crees que aquellas tortas _____ deliciosas? (estar)

☐ EXERCISE 5

Complete the story with the subjunctive, indicative, or infinitive.

Mariana _____ (levantarse) temprano porque hoy sus nietos quieren

_____ (ir) al circo. Ella insiste en que ellos _____ (desayunarse)

bien antes de _____ (salir). Ella espera que _____ (divertirse)

mucho porque el circo _____ (venir) raras veces a su pueblo. Hace frío

y ella les aconseja que _____ (ponerse) la chaqueta para el

invierno. Ellos están contentos de que su abuela _____ (ser) tan simpática.

After certain conjunctions

The subjunctive form follows directly after the conjunction if the main clause has a different subject from the dependent clause.

a pesar de que	*in spite of*
antes de que	*before*
después de que	*after*
en caso de que	*in case*
hasta que	*until*
para que	*in order that, so that*
sin que	*without*

Here is a sentence in which there is only one subject.

Ella practica el piano **antes de cantar.**   *She practices the piano before singing.*

In the following sentence, there are two subjects, connected by the conjunction **que.**

Ella practica el piano   *She practices the piano before he sings.*
antes de que él **cante.**

- The English equivalent does not show this distinction in moods as does the Spanish sentence. But there are clearly two subjects in the above example, *she* and *he.*

Él enseña **para que** los estudiantes   *He teaches so that the students learn.*
aprendan.

Voy a esperar **hasta que** tú **llegues.**   *I am going to wait until you arrive.*

Lo voy a hacer **sin que** Ud. me **ayude.**   *I'm going to do it without your helping me.*

- If there is one subject, the sentence will contain the infinitive after the preposition.

Ella estudia para aprender.   *She studies in order to learn.*
Después de trabajar, ella descansa.   *After working, she rests.*
Él habla sin pensar.   *He speaks without thinking.*

- Some of these conjunctions of time are similar expressions and always cause a subjunctive whether there are two subjects or not.

a menos que	*unless*
luego que	*as soon as*
tan pronto como	*as soon as*

Voy a llegar **tan pronto como** yo **pueda.**	*I am going to arrive as soon as I can.*
Vamos a bailar **a menos que** no **haya** música.	*We are going to dance unless there is no music.*

After 'cuando'

The subjunctive form directly follows **cuando,** if the future is implied.

Vamos a viajar **cuando tengamos** tiempo y dinero.	*We are going to travel when we have time and money.*
¿Me puedes llamar **cuando llegues** a casa?	*Can you call me when you arrive home?*
El niño quiere ser bombero **cuando sea** grande.	*The child wants to be a fireman when he grows up.*

- When introducing a question, the indicative form is used.

¿Cuándo vas a estar en casa?	*When are you going to be home?*
¿Cuándo quieren Uds. viajar?	*When do you want to travel?*

- When *cuando* introduces a sentence or question which is a repeated action or a general statement in the present, the indicative mood is used.

Cuando hace frío, los niños juegan en la nieve.	*When it is cold, the children play in the snow.*
Ella se siente alegre cuando baila.	*She feels happy when she dances.*
Cuando voy a la playa, siempre me divierto.	*When I go to the beach, I always have a good time.*

☐ EXERCISE 6

Complete the sentence by using the conjunction in parenthesis and the correct conjugation of the verb in parenthesis.

1. Él va a limpiar su apartamento ___***antes de que***___ (before) su familia

   lo ___***visite***___. (to visit)

2. _____(after) yo _____(to bathe myself),

   voy a vestirme.

3. No voy _____(unless) Uds. _____(to go) también.

4. Él va a invitar a su amiga a la fiesta _____(as soon as) él _____

   (to have) confianza.

5. Les doy las instrucciones _____(so that) ellos_____

   (to know how) llegar.

6. Uds. pueden jugar al baloncesto _____(as soon as) Uds.

   _____(to finish) su tarea.

7. _____(before) su novio _____(to come)

   a verla, Rosa va a arreglarse.

8. Te presto el dinero _____(so that) tú _____

   (to be able to) comprar un carro usado.

9. Vamos a estar aquí _____(until) ellos _____. (to arrive)

10. _____(in case) Uds. no _____(to have) nada que

    hacer mañana, ¿podemos ir al cine?

11. A Ricardo no le gusta estudiar. Pero va a estudiar _____(so that)

    sus padres _____(to be) contentos.

12. _____(in spite of) ellos_____(to be) frío, ellos

    quieren dar una vuelta.

13. Tú puedes venir a mi casa _____(without) yo te _____.
    (to invite)

14. Graciela va a descansar _____(after) sus nietos _____

    _____. (to go away)

15. Cuando Ud. _____(to be able), ¿me puede acompañar al tren?

16. Elena me va a ver cuando nosotros _____(to meet) en México.

17. Cuando ellos _____(to return) a los Estados Unidos, van a comprar una casa pequeña.

18. El hombre va a estar contento cuando _____(to learn) a manejar.

After certain dependent adjective clauses

The subjunctive mood is used in the dependent clause if the object or person described in the main clause is indefinite or nonexistent. In the following examples, the objects and persons described in the main clause are not known.

Busco **un apartamento** que **sea** grande y barato.

I am looking for an apartment that is big and cheap.

¿Conoce Ud. a **alguien** que **sepa** hablar alemán?

Do you know anyone who knows how to speak German?

¿Hay **alguien** aquí que **baile** bien?

Is there anyone here who dances well?

No hay **nadie** que siempre **tenga** razón.

There is no one who is always right.

After the expressions 'por más que' and 'por mucho que'

Por más que ella **limpie,** su casa está siempre desordenada.

No matter how much she cleans, her house is always a mess.

Por mucho que él **coma,** no se engorda.

No matter how much he eats, he doesn't get fat.

After 'ojalá'

An interjection of Arabic origin, ojalá means *would to God that* or *may God grant* and expresses great desire. It can also be translated as *I hope.*

Ojalá que ella **tenga** suerte.

Would to God that she has luck.

Ojalá que Uds. **reciban** el cheque.	*I hope you receive the check.*
Ojalá que él **se quede.**	*Would to God that he stays.*

After 'acaso', 'quizás', and 'tal vez'

Acaso él me **visite** mañana.	*Perhaps he will visit me tomorrow.*
Quizás ellos me **digan** la verdad.	*Perhaps they will tell me the truth.*
Tal vez me **digan** mentiras.	*Perhaps they will tell me lies.*

After 'aunque'

The subjunctive form is used if the action has not yet occurred.

Voy al cine **aunque** no **vayan** mis amigos.	*I am going to the movies although my friends may not go.*
Aunque Pedro **se quede** esta noche, yo voy a salir.	*Although Peter may stay tonight, I am going to leave.*
Aunque sea difícil, él lo puede hacer.	*Although it may be difficult, he can do it.*

After compounds of '-quiera'

Quienquiera que **esté** aquí, puede salir con nosotros.	*Whoever is here, can leave with us.*
Cualquiera que **sea** sincero, puede ser un buen amigo.	*Whichever (one) that is sincere, can be a good friend.*
Adondequiera que **vayas,** te deseo lo mejor.	*Wherever you go, I wish you the best.*
Dondequiera que **estén ellos,** los voy a buscar.	*Wherever they are, I am going to look for them.*

The subjunctive form is used after **como** if the meaning is *however*.

Ellas van a preparar la comida
como tú **quieras.**

They are going to prepare the meal
however you want.

☐ EXERCISE 7

Complete the sentences with the correct form of the verb in parenthesis.

1. Tal vez ellos _____por la comida. (enfermarse)

2. Ojalá que nosotros _____hoy. (descansar)

3. Aunque él _____mañana, no quiero lavar el baño. (llegar)

4. Por mucho que ellas _____, no van a hacer nada. (quejarse)

5. Quienquiera que _____bien, puede ser experto. (cocinar)

6. Ojalá que tú _____bien esta noche. (dormir)

7. Aunque _____mucho tráfico, queremos viajar. (haber)

8. Mi amiga busca un apartamento que _____tres cuartos. (tener)

9. Carlos necesita una casa que _____en el campo. (estar)

10. El hombre quiere hacer el proyecto como Ud. lo _____.
    (querer)

11. No conozco a nadie que me _____a la playa. (acompañar)

12. Ella busca un novio que _____inteligente. (ser)

13. Quizás él _____la semana que viene. (venir)

14. Por más que Tomás _____, no sabe nada. (hablar)

□ EXERCISE 8

Subjunctive or indicative? Complete the sentences with the correct form of the verb in parentheis.

1. Es importante que yo_____temprano. (acostarse)

2. Esperamos que ella _____. (mejorarse)

3. Yo sé que la lecciónes _____difíciles. (ser)

4. ¿Quiere Ud. que Leopoldo _____la historia? (estudiar)

5. No pienso que Loreta _____bien el violín. (tocar)

6. Sabemos que a ella no le _____practicar. (gustar)

7. Lo sentimos que Uds. no _____a la conferencia mañana. (ir)

8. Es posible que _____mucha gente interesante. (haber)

9. Espero que ellos _____en su casa cuando yo_____.
   (estar/llegar)

10. Cuando Linda _____de vacaciones, ella se relaja siempre. (ir)

11. María quiere que Pedro _____a sus padres. (conocer)

12. Por mucho que yo _____, no pierdo peso. (nadar)

13. Ojalá que Uds. _____pronto. (volver)

14. Ella quiere que tú la _____el primero de mayo. (visitar)

15. ¿Conoce Ud. a alguien que _____hacer todo lo que quiere hacer? (poder)

16. La madre quiere que los niños _____la mesa. (poner)

17. Ella insiste en que ellos _____la tarea antes de jugar. (hacer)

18. Se alegran de que Uds. _____mejor. Esperan que Uds. _____bien y contentos. (sentirse/estar)

19. ¿Por qué dudas que Rosa y Reinaldo _____en noviembre? (casarse)

20. Te aconsejo que _____al dentista tres veces por año. (ir)

21. Pensamos que tú _____despertarte más temprano para llegar a tiempo. (deber)

22. Carmen piensa que su amigo _____un buen carro. (necesitar)

☐ EXERCISE 9

Subjunctive, indicative, or infinitive? Complete the sentences with the correct form of the verb in parenthesis.

1. José y Susana están enamorados y _____casarse. (querer)

2. Es difícil que yo te _____ la respuesta correcta. (dar)

3. ¿Es importante_____honesto en este mundo? (ser)

4. Después de _____ocho horas, me siento bien. (dormir)

5. Hablo despacio para que mis estudiantes me _____.
(entender)

6. A Francisco le gusta _____mucho. (leer)

7. A los amigos de Julia les gusta que ella _____mucho.
(reírse)

8. Te pido que _____tu oficio. (hacer)

9. Yo sé que el restaurante que nos gusta _____lejos de tu oficina. ¿Quieres que yo _____otro? (estar/escoger)

10. ¿Es posible que nosotros _____cenar juntos? (poder)

11. Es importante que Uds. _____del edificio rápida y tranquilamente. (salir)

12. ¿Es importante _____bien para _____bien?
(comer, vivir)

13. Carla tiene la bolsa que me _____. (gustar)

14. Ella me dice que los guantes _____de cuero. (ser)

15. ¿Quieren ellos que nosotros _____ los artículos sobre la contaminación de las ciudades grandes? (buscar)

16. ¿Sabe Ud. por qué Irene no _____ nunca la chaqueta cuando _____ frío? (ponerse/hacer)

17. Me alegro de _____ aquí. Me alegro de que Uds. _____ aquí también. (estar/estar)

18. ¿Es necesario _____ para _____ otro idioma? (viajar/aprender)

19. Les muestro a Uds. las fotos luego que _____. (llegar)

20. Él se alegra de que su esposa _____ abogada. (ser)

21. Ella prefiere _____ hasta las nueve, pero su jefe prefiere que ella _____ más temprano. (dormir/despertarse)

22. Es preciso que Uds. no le _____ que su hermana está en la ciudad. Es una sorpresa y ella quiere _____ sin que él lo _____. (decir/llegar/saber)

23. Nos gusta _____ todo. (compartir)

24. Los padres le prohíben a Guillermo que _____ chocolates. (comer)

25. Quiero que Uds. _____ éxito en todo que hagan. (tener)

26. Ojalá que tú _____. (quedarse)

27. Te espero hasta que tú _____. (regresar)

□ **EXERCISE 10**
Change the sentences to the subjunctive mood if necessary.

1. Ricardo no cocina. (Es una lástima) *Es una lástima que no cocine.*

2. Enrique se va. (No me gusta) _____

3. Ella le da flores a su esposo. (Él se alegra)_____

4. Ella sabe la fecha. (Es importante)_____

5. Mis amigos están bien. (Me alegro)_____

6. Paula conoce a Raúl. (Es dudoso)_____

7. Yo soy una buena estudiante. (Es posible) _____

8. La película empieza a las dos. (Esperamos)_____

9. Hace buen tiempo hoy. (Ojalá)_____

10. El tren llega a tiempo. (Tal vez)_____

11. Rosa tiene mucha suerte. (Quiero)_____

12. Nos vemos mucho. (Me alegro) _____

☐ EXERCISE 11
Translate into Spanish.

1. Peter doesn't think that the trip will be good.

   _____

2. I am glad to know you.

   _____

3. We hope that you are feeling better.

   _____

4. Can you call me when you arrive home?

   _____

5. Laura insists that the children put on their jackets.

   _____

6. Roberto hopes that Julia will dance with him tonight.

   _____

☐ EXERCISE 12

Fill in the blanks with the translations of the following infinitives from Part II.

Abrazar _____	Dejar _____	Llamar_____
Acompañar _____	Demorarse _____	Llevar _____
Aconsejar _____	Desayunarse _____	Mandar_____
Acordarse _____	Desear _____	Maquillarse _____
Acostarse _____	Despedirse _____	Matar _____
Afeitarse _____	Despertarse _____	Mejorarse _____
Agradarse _____	Disfrutar _____	Mirar _____
Agradecer _____	Divertirse _____	Molestar _____
Alegrarse _____	Doler _____	Morirse _____
Amar _____	Ducharse _____	Moverse _____
Andar _____	Dudar _____	Mudarse _____
Animarse _____	Dormirse _____	Parecer _____
Apresurarse _____	Enamorarse _____	Parecerse _____
Aprovecharse _____	Encantar _____	Pedir _____
Arreglarse _____	Encontrar _____	Peinarse _____
Asistir _____	Enfadarse _____	Permitir _____
Asustarse _____	Enfermarse _____	Pintarse _____
Atreverse _____	Enojarse _____	Ponerse _____
Ayudar _____	Enseñar _____	Portarse _____
Bajarse _____	Enviar _____	Preguntar _____
Bañarse _____	Equivocarse _____	Preocuparse _____
Besar _____	Escoger _____	Prestar _____
Burlarse _____	Escribir_____	Prohibir _____
Buscar _____	Esperar _____	Quedarse _____
Caerse _____	Expresarse _____	Quejarse _____
Callarse _____	Extrañar _____	Quemarse _____
Calmarse _____	Faltar _____	Quitarse _____
Cargar _____	Fascinar _____	Recoger _____
Cepillarse _____	Fiarse _____	Reírse _____
Cobrar _____	Fijarse _____	Reunirse _____
Comenzar _____	Gozar _____	Sentarse _____
Comprar _____	Gritar _____	Saltar _____
Conocer _____	Haber_____	Saludar _____
Conversar _____	Hacer _____	Seguir _____
Cuidar _____	Hallar _____	Sentirse _____
Contar _____	Importar _____	Sugerir _____
Contestar _____	Insistir _____	Tardar _____
Convenir _____	Interesar _____	Traer _____
Dar _____	Invitar _____	Tranquilizarse _____
Darse cuenta _____	Irse _____	Vender _____
Decir _____	Lastimarse _____	Ver _____
Dedicarse _____	Lavarse _____	Vestirse _____
Defenderse _____	Levantarse_____	Visitar _____

LA DESPEDIDA

Esta noche, cuando me acueste, va a ser mi última noche en Italia. Es una lástima que ya no pueda pasar las mañanas en pura tranquilidad en ese restaurante acogedor donde tomo mi café.

La soledad es diferente aquí que allí, quizás por el calor humano de los italianos. Mi amiga Beatriz quiere que me quede. Nos llevamos bien. A ella le gusta mostrarme lo histórico de las ciudades y la verdad es que me fascina lo antiguo. Realmente, no me importa mucho adonde vamos, si vamos a un sitio u otro, porque siempre nos divertimos juntas.

Cuando yo esté en los Estados Unidos (no lo puedo imaginar) quiero que ella me escriba desde Italia. La voy a extrañar. Pero es el fin de mi viaje.

A todas las personas con quienes me reúno, les deseo lo mejor y les agradezco por todo. Voy a despedirme de ellos con un abrazo y mucho cariño cuando les diga 'adiós'.

Verbos

agradecer	*to thank*
despedirse	*to take one's leave*

Nombres

el abrazo	*the embrace*
el calor humano	*human warmth*
el cariño	*affection*
la despedida	*the farewell*
el fin	*the end*
la soledad	*the solitude*

Adverbios

realmente	*actually*
	The Spanish word *actualmente* means *nowadays* or *at the present time*.

Expresiones

The neuter article **lo** is used before **masculine adjectives** to make them into nouns:

lo antiguo	*the ancient*
lo histórico	*the historic*
lo mejor	*the best*

Conjunciones

u	*or*
	for reasons of pronounciation **o** is replaced by **u** before words beginning with **o–** or **ho–**.

Preguntas

1. ¿Piensa Ud. que Isabel debe quedarse en Italia o es mejor que regrese a los Estados Unidos?

2. ¿Se da cuenta ella que es la primera vez que menciona el nombre de una amiga o un amigo?

3. ¿Que parte de su viaje le gusta más a Isabel?

4. ¿Piensa Ud. que hay un cambio en Isabel desde el primer cuento hasta el último?

PART III

Preterit tense
Imperfect tense
Double object pronouns

CHAPTER 14

THE PRETERIT TENSE

The preterit expresses an action or actions completed in the past.

Formation of the preterit

- Verbs are considered *regular* if there is *no change in the stem*. Most verbs are regular in the preterit. This tense is formed by adding the preterit endings to the stem of the infinitive of —**ar**, —**er**, and —**ir** verbs.

- There are only 17 irregular verbs in the preterit. Compound forms of these verbs are conjugated in the same way as the main verb.

- —**Ir** verbs, which are irregular in the present indicative, have a stem change in the preterit, but it occurs only in the third person singular and plural forms.

Uses of the preterit

- To express actions completed in the past. The action or actions in the preterit have a definite end.

- To express actions completed in the past that are in a series.

- To express a condition that is no longer in effect.

- The English translation is usually the simple past (*I sang*).

In order to conjugate a regular —**ar** verb, drop the ending, and add **–é, –aste, –ó, –amos, –asteis, –aron** to the stem.

Ayudar
yo ayudé
tú ayudaste
Ud. ayudó

nosotros ayudamos
vosotros ayudasteis
Uds. ayudaron

Cantar
yo canté
tú cantaste
él cantó

nosotros cantamos*
vosotros cantasteis
ellos cantaron

Pensar
yo pensé
tú pensaste
ella pensó

nosotros pensamos*
vosotros pensasteis
ellas pensaron

Recordar
yo recordé
tú recordaste
ella recordó

nosotros recordamos*
vosotros recordasteis
ellas recordaron

Trabajar
yo trabajé
tú trabajaste
Ud. trabajó

nosotros trabajamos*
vosotros trabajasteis
Uds. trabajaron

Viajar
yo viajé
tú viajaste
Ud. viajó

nosotros viajamos*
vosotros viajasteis
Uds. viajaron

A word about the pronunciation.
Notice that the first and third persons singular carry written accents. It is very important to practice the pronunciation and stress the accented syllable. Pronounce the verbs in this way: yo canté, tú cantaste, Ud. cantó, cantamos, cantasteis, ellos cantaron. Review the basic pronunciation rules also: all words which end in **n, s,** or any vowel have the stress on the second to last or penultimate syllable.

*the first person plural preterit 'nosotros' form is identical to the present indicative conjugation. Whether it is the present or the past becomes clear in context.

Note: All—**ar** verbs except *andar, dar,* and *estar* are regular in the preterit.

Regular —er and —ir verbs

In order to conjugate regular —**er** and —**ir** verbs, drop the ending and add –**í, —iste, —ió, —imos, —isteis, —ieron** to the stem. The endings are the same for both —**er** and —**ir** verbs.

—ER VERBS

Comer
yo comí
tú comiste
él comió

nosotros comimos
vosotros comisteis
ellos comieron

Entender
yo entendí
tú entendiste
ella entendió

nosotros entendimos
vosotros entendisteis
ellas entendieron

Ver*
yo vi
tú viste
Ud. vio

nosotros vimos
vosotros visteis
Uds. vieron

—IR VERBS

Compartir
yo compartí
tú compartiste
él compartió

nosotros compartimos**
vosotros compartisteis
ellos compartieron

Descubrir
yo descubrí
tú descubriste
Ud. descubrió

nosotros descubrimos**
vosotros descubristeis
Uds. descubrieron

Salir
yo salí
tú saliste
ella salió

nosotros salimos**
vosotros salisteis
ellas salieron

---

*Notice that the verb **ver** is regular. It does not carry an accent mark on the third person singular, *vio,* because the form has only one syllable.

in the —ir** verbs, the 'nosotros' form of the preterit is identical to the present indicative conjugation. Its meaning becomes clear in context.

Adverbios y adjetivos

anoche	*last night*
ayer	*yesterday*
anteayer	*the day before yesterday*
hace	*ago (when it is used before a period of time in the past)*
hace dos días	*two days ago*
pasado	*past, last*
la semana pasasda	*last week*
el mes pasado	*last month*
el año pasado	*last year*

☐ EXERCISE 1

Complete the following by conjugating the verb in parenthesis in the preterit.

1. Ella _____ la puerta. (abrir)

2. Yo _____ la ventana. (cerrar)

3. Nosotros _____ a México hace ocho meses. (viajar)

4. Anoche, el niño _____ televisión por dos horas. (mirar)

5. Ayer, yo _____ a mi amigo, y lo _____ a tomar unas cervezas conmigo. (visitar/invitar)

6. Anteayer, _____ a llover y _____ hasta las nueve de la noche. (empezar/llover)

7. Ellas _____ a casa y _____ las canciones de Celia Cruz. (regresar/escuchar)

8. A ellos les _____ la película. (gustar)

9. ¿A qué hora _____ Ud. anoche? (acostarse)

10. Esta mañana a las once _____ el teléfono. (sonar)

11. Anoche, ella _____ con un hombre elegante. (soñar)

12. Yo _____ un elefante en la calle. (ver)

13. Nosotros _____ mucho en la fiesta anoche. (divertirse)

14. Ella le _____ al hombre un vaso de agua. (ofrecer)

15. Ellos me _____ con la pronunciación. (ayudar)

Uses of the preterit

Always keep in mind that the action or actions are over. It doesn't make any difference how long the action went on before; the action has a definite end.

To express an action completed in the past

Anoche, ella cantó una canción triste.	*Last night, she sang a sad song.*
Ayer, yo estudié por dos horas.	*Yesterday, I studied for two hours.*
Anteayer, escribimos dos cartas.	*The day before yesterday, we wrote two letters.*
La semana pasada, él me llamó por teléfono.	*Last week, he called me by phone.*
El año pasado, ¿compró Ud. una casa nueva?	*Last year, did you buy a new house?*
¿Perdiste tus llaves esta mañana?	*Did you lose your keys this morning?*
¿Por qué no cocinaron Uds. anoche?	*Why didn't you cook last night?*
Ellos salieron hace tres horas.	*They left three hours ago.*
No vimos a nadie.	*We didn't see anyone.*
No me prestaron dinero.	*They didn't lend me money.*
Yo no les enseñé a los estudiantes a nadar.	*I didn't teach the students to swim.*
Samuel jugó al tenis.	*Samuel played tennis.*
Ella lo amó mucho, ¿verdad?	*She loved him a lot, right?*

To express a series of completed actions in the past

Anoche en la fiesta, bailamos, cantamos, y hablamos.

Last night at the party, we danced we sang, and we talked.

El domingo pasado, ellos corrieron en el maratón, descansaron, y comieron.

Last Sunday, they ran in the marathon, rested, and ate.

Él se despertó, se lavó, y se afeitó.

He got up, washed, and shaved.

Caminé a la tienda, compré lechuga y tomates, saludé a los dueños, y salí.

I walked to the store, bought lettuce and tomatoes, greeted the owners, and left.

To express a condition which is no longer in effect

¿Te sentiste mal la semana pasada?

Did you feel ill last week?

Me sentí bien la semana pasada, pero me siento mal hoy.

I felt well last week, but I feel bad today.

A Miguel le dolió todo el cuerpo ayer, pero hoy está bien.

Yesterday, Michael had pain in his whole body, but today he is fine.

☐ EXERCISE 2
Change the following from the present indicative to the preterit.

1. Me gusta viajar. _____.

2. Cada mañana, leo un periódico. Ayer, yo_____.

3. Ellos cierran la puerta del apartamento. Anoche, ellos _____.

4. Les ofrezco ayuda. _____.

5. ¿Por qué vuelves tú tarde? ¿Por qué_____?

6. Los niños no se callan. Anoche, ellos _____.

7. Leonora no se acuerda de la idea. La semana pasada_____.

8. La película empieza a las ocho. Anoche, _____.

Irregular verbs

- These verbs have an irregular stem and a special set of endings. Note that the endings do not carry accent marks. In order to conjugate an irregular verb, add the following endings, **–e, –iste, –o, –imos, –isteis, –ieron** to the irregular stems.

Andar
yo anduve
tú anduviste
él anduvo

nosotros anduvimos
vosotros anduvisteis
ellos anduvieron

Caber
yo cupe
tú cupiste
ella cupo

nosotros cupimos
vosotros cupisteis
ellas cupieron

Estar
yo estuve
tú estuviste
Ud. estuvo

nosotros estuvimos
vosotros estuvisteis
Uds. estuvieron

Hacer
yo hice
tú hiciste
él hizo*

nosotros hicimos
vosotros hicisteis
ellos hicieron

Poder
yo pude
tú pudiste
Ud. pudo

nosotros pudimos
vosotros pudisteis
Uds. pudieron

Poner
yo puse
tú pusiste
él puso

nosotros pusimos
vosotros pusisteis
ellos pusieron

Querer
yo quise
tú quisiste
ella quiso

nosotros quisimos
vosotros quisisteis
ellas quisieron

Saber
yo supe
tú supiste
Ud. supo

nosotros supimos
vosotros supisteis
Uds. supieron

Tener***
yo tuve
tú tuviste
él tuvo

nosotros tuvimos
vosotros tuvisteis
ellos tuvieron

Venir
yo vine
tú viniste
él vino

nosotros vinimos
vosotros vinisteis
ellos vinieron

Decir**
yo dije
tú dijiste
ella dijo

nosotros dijimos
vosotros dijisteis
ellas dijeron**

Producir****
yo produje
tú produjiste
Ud. produjo

nosotros produjimos
vosotros produjisteis
Uds. produjeron**

Traer
yo traje
tú trajiste
él trajo

nosotros trajimos
vosotros trajisteis
ellos trajeron**

- **Dar, ir,** and **ser** have slightly different endings.

Dar
yo di
tú diste
ella dio

nosotros dimos
vosotros disteis
ellas dieron

Ir*****
yo fui
tú fuiste
Ud. fue

nosotros fuimos
vosotros fuisteis
Uds. fueron

Ser
yo fui
tú fuiste
él fue

nosotros fuimos
vosotros fuisteis
ellos fueron****

- **Haber**
hubo -- there was, there were, was there?, were there?

It is important to memorize all the irregular verbs now. In this way, you will be able to use any verb you wish in the preterit by knowing the irregular verbs.

*c>z to maintain the sound of s.

**Irregular preterits whose stem ends in –j have –eron, not –ieron in the third person plural.

***Compound forms of these verbs are conjugated in the same way of the main verb: for example; detener, detuve, etc.

**** All verbs which end in –ducir are conjugated like producir in the preterit.

*****the endings for both ir and ser are identical. The meaning is clarified in context. For example:

Ella fue doctora.   She was a doctor.
Ella fue a la tienda.   She went to the store.

☐ EXERCISE 3

Complete the following sentences with the preterit form of the verb. Try to memorize the irregular verbs as you do the exercise.

1. ¿Qué me _____Ud. anoche? No le _____nada. (decir)

2. Nosotros no _____nada ayer. ¿Qué _____Uds? (hacer)

3. ¿Por que me _____tú tantos regalos. No tengo nada para _____ te a ti. (dar)

4. _____una fiesta ayer. (haber)

5. Yo _____vino a la fiesta. Mis amigos no _____ nada. (traer)

6. Los niños _____los platos sucios en el horno. Su mamá los sacó del

   horno y los _____en el lavaplatos. (poner)

7. Yo _____en el banco a las nueve esta mañana. ¿Dónde _____Uds? (estar)

8. Él _____un accidente en carro ayer. Yo no _____nunca un

   accidente. (tener)

9. ¿A qué hora _____ Uds. a la biblioteca? Nosotros _____ a las cuatro. (ir)

10. Él _____pintor; ahora es abogado. Yo _____ camarera; ahora soy

    actriz. (ser)

11. ¿Por qué _____ Uds. a mi casa en tren? ¿Cómo _____ Beatriz? (venir)

12. Nosotros _____ lentamente a la escuela. Nuestros maestros

_____ rápidamente. (andar)

13. Yo _____ una obra de teatro hace un año. (producir)

14. Once payasos_____ en el carro del circo esta mañana. (caber)

□ EXERCISE 4

Review the conjugations for the irregular verbs and complete the following with the appropriate verb and conjugations. Use each irregular verb only one time. *Andar, caber, dar, decir, estar, haber, hacer, ir, poder, poner, producir, querer, saber, ser, tener, traer, venir.*

1. El hombre trató de meter todos sus libros en su carro, pero no _____

en el carro pequeño.

2. Empezó a llover y la hija le _____ a su madre un paraguas.

3. Ayer _____ un día de mucha lluvia; hace buen tiempo hoy.

4. Los viajeros no _____ salir del país sin su pasaporte; se

quedaron en los Estados Unidos.

5. Ella no _____ subir la pirámide. Sus amigos subieron sin ella.

6. Nosotros _____ a ver una película popular pero no nos gustó.

7. Nosotros _____ hacia el parque. Miramos la puesta del sol y salimos.

8. El paciente _____ en la oficina del doctor precisamente a las siete y

media de la mañana.

9. Yo _____ mis llaves en el carro en vez de ponerlas en mi bolsillo.

10. La muchacha se despertó y le_____ a su hermana, "_____ un mal

sueño."

11. ¿Por qué no _____ tú una cita con tu dentista la semana pasada?

12. Hubo un ataque terrorista ayer. Nosotros lo _____ hoy.

13. El papá les _____muchos regalos a sus hijos porque los quiere mucho.

14. ¿Quién _____aquella obra de arte? Es horrible.

15. Mis primos y mis sobrinos _____ a verme hace dos días.

16. El sábado pasado, _____ una fiesta en el club.

☐ EXERCISE 5
Answer the following using only *ser, ir, irse, estar,* in the preterit according to the context of the sentence.

1. Ella es profesora hoy, pero antes _____ azafata.

2. Yo _____ gerente por dos años.

3. Nosotros _____muy contentos ayer porque nos ganamos la lotería.

4. ¿Por qué _____tan rápido sin despedirte de nosotros?

5. Ellos _____al supermercado hoy a comprar alimentos.

6. La semana pasada, Raúl _____en México. Regresó a casa ayer.

7. Los muchachos _____enfermos anteayer, pero están bien hoy.

8. _____una buena idea.

9. ¿Dónde_____la familia de Federico esta tarde?

10. ¿Quién _____a la librería a las nueve y media esta mañana?

☐ EXERCISE 6 — ORAL
Answer the following orally.

1. Yo no hice nada anoche. ¿Qué hicieron Uds?

2   ¿Le gusta comer? ¿Cocinó anoche?

3. ¿ A qué hora te acostaste anoche? ¿A qué hora te despertaste esta mañana?

4. ¿Quién fue el presidente en el año mil novecientos noventa y seis?

5. ¿Vio Ud. a sus amigos ayer?

6. ¿Piensa Ud. que Cristóbal Colón descubrió América?

7. ¿Hizo sol ayer?

8. ¿Por qué decidieron Uds. asistir a clases de español?

9. ¿Dónde nació Ud?

10. ¿Quién bailó contigo la semana pasada?

—Ir verbs with stem changes in the third person

—Ir verbs, which are irregular in the present indicative, have a stem change in the preterit. This stem change occurs <u>only</u> in the <u>third person singular and plural forms</u> of the preterit.

e > ie.

Infinitive	present indicative	preterit	
Divertirse	me divierto	me divertí	nos divertimos
		te divertiste	os divertisteis
		se divirtió	se divirtieron
Mentir	yo miento	yo mentí	nosotros mentimos
		tú mentiste	vosotros mentisteis
		él mintió	ellos mintieron
Preferir	yo prefiero	yo preferí	nosotros preferimos
		tú preferiste	vosotros preferisteis
		Ud. prefirió	Uds. prefirieron
Sentirse	me siento	me sentí	nos sentimos
		te sentiste	os sentisteis
		él se sintió	ellos se sintieron
Sugerir	yo sugiero	yo sugerí	nosotros sugerimos
		tú sugeriste	vosotros sugeristeis
		ella sugirió	ellas sugirieron

e >i.

corregir	yo corrijo	yo corregí	nosotros corregimos
		tú corregiste	vosotros corregisteis
		ella corrigió	ellas corrigieron

despedirse	me despido	me despedí	nos despedimos
		te despediste	os despedisteis
		se despidió	se despidieron

pedir	yo pido	yo pedí	nosotros pedimos
		tú pediste	vosotros pedisteis
		Ud. pidió	Uds. pidieron

reírse	me río	me reí	nos reímos
		te reíste	os reísteis
		ella se rió	ellas se rieron

repetir	yo repito	yo repetí	nosotros repetimos
		tú repetiste	vosotros repetisteis
		Ud. repitió	Uds. repitieron

seguir	yo sigo	yo seguí	nosotros seguimos
		tú seguiste	vosotros seguisteis
		él siguió	ellos siguieron

servir	yo sirvo	yo serví	nosotros servimos
		tú serviste	vosotros servisteis
		Ud. sirvió	Uds. sirvieron

sonreír	yo sonrío	yo sonreí	nosotros sonreímos
		tú sonreíste	vosotros sonreísteis
		él sonrió	ellos sonrieron

vestirse	me visto	me vestí	nos vestimos
		te vestiste	os vestisteis
		ella se vistió	ellas se vistieron

o > ue.

dormir	yo duermo	yo dormí	nosotros dormimos
		tú dormiste	vosotros dormisteis
		ella durmió	ellas durmieron

morir	yo muero	yo morí	nosotros morimos
		tú moriste	vosotros moristeis
		él murió	ellos murieron

☐ EXERCISE 7
Complete the following with the correct form of the preterit.

1. Anoche, el niño _____nueve horas. (dormir)

2. ¿Por qué no _____Uds. las instrucciones? (seguir)

3. Yo _____quedarme en un hotel de lujo; ella _____quedarse

   también; él _____ irse. (preferir)

4. Anoche, su novio _____de ella por última vez. (despedirse)

5. Nosotros _____mucho en la fiesta. Nuestros amigos no

   _____ nada y se fueron. (divertirse)

6. Siempre la mujer elegante se viste bien, pero ayer ella no _____bien

   y _____mal. (sentirse/vestirse)

7. Su sobrino _____ ayer. Él lo supo hoy. (morirse)

8. Anoche fuimos a un buen restaurante. Nos _____ una mariscada

   en salsa verde. (servir)

9. Casi nunca miento. Pero ayer, _____. Estuve con unas amigas y ellas

   _____también. (mentir)

10. La niña _____; con su sonrisa el mundo se alegró. (sonreír)

11. No sé porque el hombre _____. Yo no vi nada cómico. (reírse)

12. La estudiante aplicada _____la lección para entenderla bien. (repetir)

13. Sus maestros les _____la gramática. (corregir)

14. Yo _____bien ayer. ¿Cómo _____Ud? (sentirse)

These verbs are not irregular; the spelling changes simply maintain the necessary sound.

Verbs that end in —**gar** change **g** to **gu** in the first person singular; —**car** change **c** to **qu** in the first person singular; —**zar** change **z** to **c** in the first person singular.

Only verbs in the 'yo' form are affected by the spelling changes.

Apagar	yo apa**gué**	nosotros apagamos
	tú apagaste	vosotros apagasteis
	él apagó	ellos apagaron
Buscar	yo bus**qué**	nosotros buscamos
	tú buscaste	vosotros buscasteis
	ella buscó	ellas buscaron
Comenzar	yo comen**cé***	nosotros comenzamos
	tú comenzaste	vosotros comenzasteis
	Ud. comenzó	Uds. comenzaron
Explicar	yo expli**qué**	nosotros explicamos
	tú explicaste	vosotros explicasteis
	él explicó	ellos explicaron
Llegar	yo lle**gué**	nosotros llegamos
	tú llegaste	vosotros llegasteis
	ella llegó	ellas llegaron
Tocar	yo to**qué**	nosotros tocamos
	tú tocaste	vosotros tocasteis
	Ud. tocó	Uds. tocaron

A word about pronunciation
Make sure to stress the final sound of the first person singular ('yo' form) and the third person singular ('él, ella, Ud' form). Spanish pronunciation is precise, and the tense you use depends on the correct pronunciation. So continue to practice in this way:
yo apagué, tú apagaste, él apagó, apagamos, apagasteis, apagaron.

*the **z>c** occurs before the vowel **e** without affecting the sound.

–gar

ahogarse	*to drown*
cargar	*to carry, to load*
castigar	*to punish*
colgar	*to hang*
entregar	*to hand in/to deliver*
madrugar	*to get up early*
pegar	*to hit, to glue*
tragar	*to swallow*
vagar	*to wander*

–car

acercarse	*to approach*
arrancar	*to pull out, to root out*
colocar	*to put, to place*
destacar	*to stick out*
justificar	*to justify*
mascar	*to chew*
pescar	*to fish*
publicar	*to publish*
sacar	*to take out*
suplicar	*to beg*

–zar

alcanzar	*to reach, to overtake*
amenazar	*to threaten*
lanzar	*to throw, to shoot*
realizar	*to fulfill*
rezar	*to pray*
tropezarse (con)	*to bump into*

☐ EXERCISE 8

Complete the following sentences with the appropriate conjugation of the preterit.

1. Me desperté con vértigo y _____con la pared. (tropezarse)

2. Hace una semana, Laura pagó la cuenta, pero ayer yo la_____. (pagar)

3. El estudiante orgulloso le _____su tarea a la profesora. (entregar)

4. Nosotros _____de un lado a otro el año pasado. (vagar)

5. Anoche, yo _____una pintura en la pared. (colgar)

6. Su papá se enojó anteayer y _____a sus hijos. (castigar)

—Er and — ir verbs with stems ending in a vowel

These verbs are not irregular.

- Verbs with a vowel immediately preceding the infinitive ending change **i** to **y** in the third person singular and plural. In these verbs, there is a written accent over the letter **i** on the *tú, nosotros* and *vosotros* endings.

Caer

yo caí
tú caíste
él ca**yó***

nosotros caímos
vosotros caísteis
ellos ca**yeron***

Leer

yo leí
tú leíste
ella le**yó**

nosotros leímos
vosotros leísteis
ellas le**yeron**

Oír

yo oí
tú oíste
Ud. o**yó**

nosotros oímos
vosotros oísteis
Uds. o**yeron**

*These endings avoid the use of three vowels in a row: *caió, caieron*

- Verbs that end in —**uir** change **i** to **y;** the accent over the **i** appears only over the first person singular.

Construir

yo construí
tú construiste
él constru**yó**

nosotros construimos
vosotros construisteis
ellos constru**yeron**

Destruir

yo destruí
tú destruiste
ella destru**yó**

nosotros destruimos
vosotros destruisteis
ellas destru**yeron**

More —er and —ir verbs with spelling changes

creer	*to believe*
concluir	*to conclude*
contribuir	*to contribute*
distribuir	*to distribute*
fluir	*to flow*
huir	*to flee*
incluir	*to include*
influir	*to influence*
poseer	*to possess*

☐ EXERCISE 9
Complete the following by conjugating the verb in parenthesis in the preterit.

1. El hombre tacaño se puso feliz la primera vez que él _____ con dinero. (contribuir)

2. El niño _____ del árbol pero no se lesionó. (caerse)

3. Mi maestro de la escuela secundaria _____ mucho en mi educación. (influir)

4. Hubo un incendio y todas las personas en la ciudad _____. (huir)

5. Los carpinteros _____ dos casas el año pasado. (construir)

6. ¿Por qué _____ tú la bicicleta de Susana? (destruir)

☐ EXERCISE 10
Translate into Spanish.

1. I worked a lot yesterday. Last night, I rested.
   _____

2. Last night, we watched television instead of studying.
   _____

3. I gave him my dog; he gave me nothing.
   _____

4. She read her friend's letter a month ago.
   _____

5. We received the package a week ago.
   _____

6. What did you say to her? I told you that he died last year.
   _____

7. The children went to bed at nine o'clock last night.
   _____

8. I saw your sister yesterday.
   _____

Verbs with special meanings in the preterit

Conocer -- *to know, to be acquainted with*

	In the preterit:
¿Dónde conociste a tu novio?	*Where did you <u>meet</u> your boyfriend?*
Lo conocí en España.	*I <u>met</u> him in Spain.*
¿Cuándo conocieron Uds. a Paulina?	*When did you <u>meet</u> Pauline?*
La conocimos hace tres años.	*We <u>met</u> her three years ago.*

Saber -- *to know a fact, to know how to do something*

Ella tuvo un accidente ayer. Lo supe hoy.	*She had an accident yesterday.* *I <u>found out</u> today.*
No nos dijeron nada pero supimos la verdad.	*They didn't tell us anything but* *we <u>found out</u> the truth.*

No querer -- *not to want*

Ella no quiso bajar en el ascensor.	*She <u>refused</u> to go down in the elevator.*
El niño no quiso comer.	*The child <u>refused</u> to eat.*

No poder -- *not to be able*

Hubo un incendio y la gente no pudo salir.	*There was a fire and the people <u>failed</u> to* *leave.**

A word about the translations

The preterit expresses an action completed in the past. These translations are as close as possible to transmitting the idea of the sentence. *No querer* means 'not to want'. But in the preterit, the action is over so the concept is stronger than she didn't want to go down in the elevator. She didn't want to, and she didn't; therefore, she refused. Similarly, *no poder* means 'not to be able' but in the preterit, the people were not able to leave, and the action is completed; therefore, they didn't manage to leave, or failed to leave.

☐ EXERCISE 11 — REVIEW
Complete the following with the correct conjugations of the preterit.

1. Yo _____ en el apartamento a las ocho anoche. (entrar)

2. Nosotros _____ un chocolate caliente. (tomar)

3. Ellos _____ a las once. Yo _____ a la una.
   (dormirse)

4. ¿Me _____ Uds. ayer? Yo no los _____. (ver)

5. _____ a nevar a las siete esta mañana. (empezar)

6. _____ mucho sol ayer. (hacer)

7. El taxista le _____ a mi primo veinte pesos. ¿Cuánto te
   _____ a ti? (cobrar)

8. Nosotros les _____ a nuestros parientes dos tarjetas, pero ellos
   no las _____. (escribir/recibir)

9. El trabajador _____ temprano esta mañana. (despertarse)

10. ¿_____ tú las llaves? (encontrar)

11. Yo no _____ bajar en el ascensor. (querer)

12. Cuando él _____ joven, él _____ un buen
    deportista. (ser)

13. ¿Por qué no me _____ Ud. la verdad? (decir)

14. La tarea fue difícil, pero los estudiantes la _____ hacer. (poder)

A word about the preterit
Practice and study.   Learn the 17 irregular verbs and the regular verbs.
Pronounce all regular —**ar,—er,** and —**ir** verbs aloud as much as you can.
Use the verb lists in this chapter as reference and use the verbs as you need them.
Spend at least a week on the preterit to learn the form and concept.

CHAPTER 15

THE IMPERFECT TENSE

The imperfect expresses an action or actions in the past that are not seen as completed.

Formation of the imperfect

- Almost all verbs are regular in the imperfect tense. The tense is formed by adding the imperfect endings to the stem of the **—ar, —er,** and **—ir** verbs.

- There are only three irregular verbs in the imperfect.

Uses of the imperfect

- The imperfect is used to 'set the stage' for another past action, to express a narration, background, or situation in the past.

- To express repeated, habitual, and customary actions in the past.

- To express continuous actions, actions in progress at a certain time in the past.

- The imperfect is used for descriptions in the past.

- To express telling time.

- To express telling one's age.

To conjugate an —**ar** verb, drop the ending and add —**aba, —abas, —aba, —ábamos, —abais, —aban** to the stem.

Acompañar

yo acompañaba*

tú acompañabas

él acompañaba*

nosotros acompañábamos

vosotros acompañabais

ellos acompañaban

Dar

yo daba

tú dabas

ella daba

nosotros dábamos

vosotros dabais

ellas daban

Estar

yo estaba

tú estabas

Ud. estaba

nosotros estábamos

vosotros estabais

Uds. estaban

Hablar

yo hablaba

tú hablabas

él hablaba

nosotros hablábamos

vosotros hablabais

ellos hablaban

Recordar

yo recordaba

tú recordabas

ella recordaba

nosotros recordábamos

vosotros recordabais

ellas recordaban

Trabajar

yo trabajaba

tú trabajabas

Ud. trabajaba

nosotros trabajábamos

vosotros trabajabais

Uds. trabajaban

A word about the imperfect

There are no irregular —**ar** verbs.

Practice the pronunciation of the verbs on this page; there are one syllable, two syllable, three syllable, and four syllable verbs. Be sure to pronounce the imperfect in this way: yo trabaj<u>a</u>ba, tú trabaj<u>a</u>bas, él trabaj<u>a</u>ba, trabaj<u>á</u>bamos, trabaj<u>a</u>bais, ellos trabaj<u>a</u>ban.

*The first and third person singular forms (*yo, él, ella, Ud.*) are identical.

To conjugate regular —**er** and —**ir** verbs, drop the ending and add —**ía**, —**ías**, —**ía**, —**íamos**, —**íais**, —**ían** to the stem. The endings are the same for both —**er** and —**ir** verbs.

—ER VERBS

Entender

yo entendía*	nosotros entendíamos
tú entendías	vosotros entendíais
él entendía*	ellos entendían

Hacer

yo hacía	nosotros hacíamos
tú hacías	vosotros hacíais
ella hacía	ellas hacían

Poder

yo podía	nosotros podíamos
tú podías	vosotros podíais
Ud. podía	Uds. podían

Querer

yo quería	nosotros queríamos
tú querías	vosotros queríais
él quería	ellos querían

Saber

yo sabía	nosotros sabíamos
tú sabías	vosotros sabíais
ella sabía	ellas sabían

Tener

yo tenía	nosotros teníamos
tú tenías	vosotros teníais
Ud. tenía	Uds. tenían

▪ **Haber**

Había -- there was, there were, was there?, were there?

---

*The first and third person singular forms are identical.

—IR VERBS

Decir

yo decía

tú decías

él decía

nosotros decíamos

vosotros decíais

ellos decían

Divertirse

me divertía

te divertías

ella se divertía

nos divertíamos

os divertíais

ellas se divertían

Sentirse

me sentía

te sentías

Ud. se sentía

nos sentíamos

os sentíais

Uds. se sentían

Venir

yo venía

tú venías

él venía

nosotros veníamos

vosotros veníais

ellos venían

Irregular verbs

Ir

yo iba*

tú ibas

él iba

nosotros íbamos

vosotros ibais

ellos iban

Ser

yo era

tú eras

ella era

nosotros éramos

vosotros erais

ellas eran

Ver

yo veía

tú veías

Ud. veía

nosotros veíamos

vosotros veíais

Uds. veían

---

*The translation of **ir** in the imperfect is: *was going, were going.*

Yo iba a hablar.

Nosotros íbamos a comprar un carro nuevo.

I was going to speak.

We were going to buy a new car.

Uses of the imperfect

The imperfect tense expresses actions in the past that are not seen as completed. It is used to indicate a situations or actions in the past with no specific reference to their beginning or end.

To 'set the stage' in the past; to express a narration, situation, or background

El sol brillaba y los pájaros cantaban.	*The sun was shining and the birds were singing.*
La luna alumbraba el río y los pescadores lanzaban sus redes.	*The moon lit up the river and the fishermen were throwing out their nets.*
Había un silencio profundo en el bosque; ya caía la noche.	*There was a profound silence in the forest; night was already falling.*
No había nadie en la casa. Los ladrones esperaban afuera.	*There was no one in the house. The thieves were waiting outside.*

To relate habitual, customary or repeated actions in the past

Todos los veranos, yo jugaba al tenis con mis amigos.	*Every summer, I used to play tennis with my friends.*
Todos los días, Paulina y yo almorzábamos a la una de la tarde.	*Every day, Pauline and I used have lunch at one o'clock in the afternoon.*
Cada noche, antes de dormirse, el viejo ponía sus dientes en un vaso de agua.	*Each night, before going to sleep, the old man put his teeth in a glass of water.*

A word about the translations
Read these examples again, and try to understand the concepts without the translations. Try to imagine these examples as scenes. These sentences are situations, narrations in the past; they are backgrounds; they "set the stage." The English translations are not precise or consistent in the imperfect. So make sure you understand this important concept and choose whichever translation or idea that is clearest for you.

To express continuous actions in the past

Marisol cuidaba su jardín mientras
sus nietos jugaban.

*Marisol was taking care of her garden
while her grandchildren were playing.*

Eduardo bailaba y su novia cantaba.

*Ed was dancing and his girlfriend was
singing.*

Ella buscaba sus llaves cuando
el teléfono sonó.*

*She was looking for her keys when the
telephone rang.*

Ella iba a contestar pero escuchó*
un sonido en la puerta.

*She was going to answer but she
heard a sound at the door.*

Yo hablaba cuando mi profesor me
interrumpió.*

*I was speaking when my professor
interrupted me.*

*Notice that in these sentences, both the imperfect and preterit tense are used. The first part of the sentence is the ongoing action, the action in progress. The second part of the sentence, which requires the preterit, is a completed action. Here, the imperfect is used as a continuous action which is interrupted by another action.

To express a description in the past

La casa era blanca.

The house was white.

La comida estaba buena.

The meal was good.

Nuestro vecino era viejo, pero tenía
el pelo negro.

*Our neighbor was old, but he had black
hair.*

To relate point of origin

El hombre era de Perú.

The man was from Peru.

Sus amigos eran de Chile.

His friends were from Chile.

Las flores rojas eran de Bolivia.

The red flowers were from Bolivia.

To express telling time

Eran las cinco y Federico iba a la tienda por última vez.	*It was five o'clock and Fred was going to the store for the last time.*
¿Qúe hora era? Eran las dos de la tarde.	*What time was it? It was two in the afternoon.*
Eran las nueve de la noche y los niños dormían.	*It was nine at night and the children were sleeping.*

To tell one's age

Ella tenía veinte años cuando se graduó de la universidad.	*She was 20 years old when she graduated from the university.*
Mi abuelo tenía noventa y cinco años cuando se murió.	*My grandfather was 95 years old when he died.*
El presidente tenía cincuenta y cinco años cuando lo eligimos.	*The president was 55 years old when we elected him.*

☐ EXERCISE 1

Complete the following by using the correct form of the imperfect. In the parenthesis, indicate the reason you chose the imperfect.

1. Todas las noches, Teodoro ___*llamaba*___ a Elena. (llamar) (__*repeated action*__)

2. Su hijo ___*tenía*___ dos años cuando empezó a correr. (tener) (__*age with tener*__)

3. De niña, Loreta _____ pasta cada noche. (comer) (_____)

4. Ella _____ alta y bonita como su madre. (ser) (_____)

5. ¿Por qué _____ los niños a la escuela los sábados? (ir) (_____)

6. La mujer y su esposo _____ de España. (ser) (_____)

7. Nosotros _____todos los días. (verse) (_____)

8. ¿De dónde _____sus abuelos? (ser) (_____)

9. El tren _____todos los días precisamente a las nueve. (llegar)
   (_____)

10. Nosotros siempre _____ a casa a las seis de la tarde. (volver)
    (_____)

11. _____una fiesta en la casa de un conocido. (haber) (_____)

12. Ella _____el piano cuando su hermano gritó. (practicar)
    (_____)

13. ¿Por qué _____a vender tu casa? (ir) (_____)

14. Me di cuenta que yo _____ a tener éxito. (ir) (_____)

15. La estudiante _____veintiún años al graduarse. (tener) (_____)

16. Los niños _____pollo y sus padres _____pescado
    en el restaurante. (comer) (_____)

17. Los amigos de Pedro lo _____en Hawai cada año. (visitar) (_____)

18. En el pasado, ellos _____ vino todos los fines de semana; ahora
    beben mucha agua. (beber) (_____)

19. La gente _____muy valiente. (ser) (_____)

20. El adolescente _____el pelo largo; yo _____el
    pelo corto. (tener) (_____)

21. _____las doce y el sol _____.
    (ser/brillar) (_____) (_____)

22. Él _____su libro cuando su amigo lo llamó. (leer) (_____)

23. Ana _____ su tarea cuando sonó el teléfono. (hacer) (_____)

24. Nosotros _____cansadas de trabajar. (estar) (_____)

25. La película _____cómica; todo el mundo _____.

    (ser/reírse) (_____) (_____)

26. ¿Qué me _____ cuando él me distrajo? (decir) (_____)

27. ¿Qué _____Uds. cuando empezó a nevar? (hacer) (_____)

28. Mi amigo me dijo que _____a verme. (venir) (_____)

29. _____buen tiempo. _____viento y sol. Los pájaros

    _____en los árboles y todo el mundo _____feliz.

    (hacer/hacer/estar/estar) (_____)

30. Antes, yo _____mucho. Ahora prefiero comer en restaurantes.

    (cocinar) (_____)

□ **EXERCISE 2**

Review **ser** and **estar** in the imperfect, and then change the following sentences from the present to the imperfect.

1. Yo soy de Venezuela. _____ *Yo era de Venezuela.*

2. Ellos son de España. _____.

3. ¿Qué hora es? ¿_____?.

4. Nosotros estamos bien. _____.

5. Mi jardín es el más hermoso de la ciudad. _____.

6. Los tres amigos están aquí. _____.

7. No estoy cansada. _____.

8. Somos cantantes. _____.

9. ¿Dónde estás? ¿_____?

10. Yo estoy en la casa con mi perro. _____

Preterit and imperfect, compared

Ella llegó ayer.
Ella llegaba a la cinco todos los días.

She arrived yesterday.
She arrived at five o'clock every day.

La semana pasada, leí un buen libro.
Antes, yo leía mucho.

Last week, I read a good book.
Before, I used to read a lot.

Beatriz vino a verme.
Él me dijo que Beatriz venía a verme.

Beatriz came to see me.
He told me that Beatriz was coming to see me.

Me levanté a las seis esta mañana.
Me levantaba tarde.

I got up at six o'clock this morning.
I used to get up late.

Fui a la tienda.
Yo iba a la tienda cuando vi a José.

I went to the store.
I was going to the store when I saw Joe.

Fuimos a la playa hoy.
Íbamos a la playa todos los veranos.

We went to the beach today.
We used to go the beach every summer.

¿Qué me dijiste hace dos minutos?
¿Qué me decías cuando el perro ladró?

What did you tell me two minutes ago?
What were you saying to me when the dog barked?

Marta comió temprano esta mañana.
Marta siempre comía temprano.

Martha ate early this morning.
Martha always ate early.

Mi papá pagó la cuenta ayer.
Mi papá siempre pagaba la cuenta.

My father paid the bill yesterday.
My father always paid the bill.

Eduardo hizo su tarea.
Eduardo hacía su tarea todos los lunes.

Edward did his homework.
Edward did his homework every Monday.

¿Qué compró Ud. ayer?
¿Qué compraba Ud. cuando le llamé.

What did you buy yesterday?
What were you buying when I called you?

Caminamos al parque hoy.
Caminábamos al parque todos los días.

We walked to the park today.
We used to walk to the park every day.

Recibimos un cheque esta tarde.
Recibíamos cheques cada semana.

We received a check this morning.
We used to receive checks every week.

Ella tuvo una operación anoche.	She had an operation last night.
Él no tenía tiempo para verla.	He didn't have time to see her.
Anoche, ella durmió hasta las ocho.	Last night, she slept until eight o'clock.
Todos los días, ella dormía hasta tarde.	Every day, she slept until late.
Conocimos a Silvia en Colombia.	We met Sylvia in Colombia.
No la conocíamos por mucho tiempo.	We didn't know her for much time.

- **Querer, poder, saber**

Affirmative:

Yo quise ir al circo.	I wanted to go to the circus.
Yo quería ir al circo.*	I wanted to go to the circus.
Pudimos entender la lección.**	We were able to understand the lesson.
Podíamos entender la lección.	We were able to understand the lesson.
Ella supo que él tuvo un accidente.	She found out that he had an accident.
Ella sabía que él iba a estar bien.	She knew that he was going to be well.

Negative:

¿Por qué no quiso Ud. ir conmigo?	Why did you refuse to go with me?
¿Por qué no quería Ud. ir conmigo?	Why didn't you want to go with me?
No pude hacer mi tarea.	I failed to do my homework.
Yo no podía hacer mi tarea ayer.	I wasn't able to (couldn't) do my homework yesterday.
No lo supe hoy.	I didn't find it out today.
Yo no sabía que él estaba enfermo.	I didn't know that he was sick.

---

*Here, with *querer*, there is little difference in the meaning of these two examples.
**Even though the translations are the same in English and Spanish, in the preterit, pudimos, the action is over; the idea is that we were able to understand the lesson; the action is completed, so we succeeded in understanding the lesson.

☐ EXERCISE 3

Preterit and imperfect. Translate the following into Spanish.

1. It was one o'clock and it was raining. _____

2. I knew it. _____

3. He was able to do it well. _____

4. The children wanted to eat hamburgers. _____

5. We were studying when the teacher entered.

   _____

6. The man was fleeing when the police caught him.

   _____

7. Every night for many years, she had the same dream.

   _____

8. What were you saying to me? _____

9. What was I going to say to you?_____

10. Why did he call her? _____

11. What time was it when you fell asleep last night?

    _____

12. Who got sick yesterday? _____

13. We were going to travel to Cuba, but we had no money.

    _____

14. I met your friend in Mexico. _____

15. He left without saying anything to us. _____

16. Who gave him the good news today? _____

17. The man was in the bank when the thief entered. Everyone was afraid.

    _____

18. Last year, we went to Spain. We had a good time.

    _____

☐ EXERCISE 4
Complete the following with *ir* in the preterit or imperfect.

1. ¿Por qué _____Ud. al museo ayer?

2. En julio, Graciela _____a California a ver a sus nietos.

3. Yo _____a llamarla, pero no tenía su número de teléfono.

4. Nosotros _____al circo todos los veranos en el pasado.

5. Nosotros _____al cine anoche; nos gustó la película.

6. Mis amigos _____a vender su carro antes de ganarse la lotería.

7. Carmen _____al banco los viernes e _____a la playa
   los sábados.

8. ¿_____tú al campo los fines de semana?

9. Isabel _____a Italia y no regresó.

10. Marisol y su esposo _____a Portugal.

☐ EXERCISE 5
Translate the following from Spanish to English.

1. La madre del hijo le dijo que todo iba a estar bien.
   _____

2. ¿Te dolían los pies durante tu viaje?
   _____

3. Hubo un tiempo cuando yo visitaba museos.
   _____

4. Vine, vi, y vencí. _____

5. Entre el primero y segundo piso, me di cuenta de que iba a caerme.
   _____

6. Nos divertíamos mucho cada día hace mucho tiempo.
   _____

7. Yo no sabía qué hacer. _____

8. Tenían una buena relación. Él siempre cocinaba y ella siempre lavaba los platos.

_____

☐ EXERCISE 6

Preterit or imperfect. Fill in the blanks with the correct form of the verb in parenthesis.

1. ¿Por que no _____ tú la comida ayer? (comprar)

2 Anoche, yo _____ el vino a la fiesta. (traer)

3. _____ mediodía y el niño _____ hambre. (ser/tener)

4. _____ a llover y yo _____ la ventana. (empezar/cerrar)

5. La muchacha _____ la calle cuando su mamá la _____
   (cruzar/llamar)

6. ¿Dónde _____ Uds. esta mañana precisamente a las nueve? (estar)

7. Nosotros _____ en el parque cuando _____ el animal exótico.
   (andar/ver)

8. El taxista nos _____ veinte dólares. ¿Cuánto te _____ a ti?
   (cobrar)

9. Nosotros les _____ cartas a nuestros parientes desde Bolivia, pero

   ellos no las _____. (escribir/recibir.)

10. Yo _____ por la calle equivocada cuando _____ que

    no _____ donde _____. (caminar/darse cuenta de/

    saber/estar).

11. Me agrada su amigo. ¿Dónde lo _____ Ud? (conocer)

12. Pedro y sus amigos _____ todas las noches antes de acostarse.
    (divertirse)

13. Melisa _____ al cine cada domingo durante su juventud. (ir)

14. Los viajeros de Inglaterra _____ a mi casa la semana pasada y

    _____ conmigo hasta hoy. (llegar/ quedarse)

Double object pronouns

- In Spanish, two object pronouns can appear together with a verb.

- Double object pronouns cannot be separated from each other.

- In a negative sentence the word *no*, or any other word of negation, comes directly before the first pronoun.

- Positions of the double object pronoun are the same as single object pronouns:
  · The pronouns are placed directly before the first verb.
  · They are attached to the infinitive.

Indirect object precedes the direct object pronoun

- In the first position, the object pronouns are placed directly before the first verb.

Me lo / me la / me los / me las

Necesito tu carro esta noche.	*I need your car tonight.*
¿**Me lo** prestas?	*Will you lend it to me?*
Él tiene una revista interesante.	*He has an interesting magazine.*
Él **me la** va a dar.	*He is going to give it to me.*
Ella tiene dos secretos.	*She has two secrets.*
Ella no **me los** quería decir.	*She didn't want to tell them to me.*
El maestro explicó las nuevas lecciones.	*The teacher explained the new lessons.*
Él **me las** explicó.	*He explained them to me.*

- In the second position, the object pronouns are attached to the infinitive and become one word.

- An accent is added to maintain the natural stress of the infinitive.

- Whether the object pronouns are placed in front of the first verb or attached to the infinitive, the meaning of the sentence is the same.

Necesito tu carro esta noche.	*I need your car tonight.*
¿Puedes prestár**melo?**	*Can you lend it to me?*
Él tiene una revista interesante.	*He has an interesting magazine.*
Él va a dár**mela**.	*He is going to give it to me.*
Ella tiene dos secretos.	*She has two secrets.*
Ella no quería decír**melos**.	*She didn't want to tell them to me.*
Él trató de explicar las nuevas lecciones.	*He tried to explain the new lessons.*
Él trató de explicár**melas**.	*He tried to explain them to me.*

☐ EXERCISE 7

Translate the following into English. Use the exercise to practice the use of the double object pronouns as well as the tenses you have learned: the present indicative, present subjunctive, preterit, and imperfect.

1. Yo quería tomar un café esta mañana. Mi colega me lo trajo.

   _____

2. Los niños tienen muchos regalos. Sus abuelos quieren que me los den.

   _____

3. Ella me compró una chaqueta. Después de comprármela, se puso feliz.

   _____

4. Mi papá no quiso darme su carro. En vez de dármelo, me lo vendió.

   _____

5. Aprendí bien las direcciones porque mis parientes me las dieron con mucho cuidado.

   _____

6. Ella quiere darme tres maletas para me viaje. Prefiero que ella me las preste.

   _____

7. Cada mañana, los vendedores me vendían vegetales. Hoy no me vendieron nada.

   _____

8. Necesito dos buenos libros. Tengo que comprarlos porque mi amiga no quiere

   prestármelos. _____

A word about pronunciation
Practice all these examples aloud. The more you get used to the sound, the easier it becomes.

Te lo / te la / te los / te las

Te doy mi abrigo porque hace frío.
Te lo doy esta noche.

I'll give you my coat because it is cold.
I'll give it to you tonight.

¿Por qué no me dijiste la verdad?
Te la dije, pero no me escuchaste.

Why didn't you tell me the truth?
I told it to you, but you didn't listen to me.

Queremos mandar cartas desde Madrid.
Queremos mandár**telas** esta noche.

We want to send letters from Madrid.
We want to send them to you tonight.

José tuvo que leer dos cuentos anoche.
Él tuvo que leér**telos** antes de las nueve.

Joe had to read two stories last night.
He had to read them to you before nine.

☐ EXERCISE 8

Translate the following into English.

1. Ella no te da agua; ella te la vende.

   _____

2. Debemos regalarte el anillo que quieres este año. Debemos regalártelo.

   _____

3. Anoche, mi hermano mayor me trajo una manzana. Me la trajo porque yo tenía

   hambre. _____

4. Todavía tienes mis discos compactos. Quiero que me los devuelvas.

   _____

5. Me gusta la langosta en este restaurante. Espero que el camarero me la sirva

   rápidamente. _____

6. Te di el dinero porque eres un buen amigo. Te lo di porque tengo confianza en ti.

   _____

7. No sé porque ella no quiso mostrarte sus lámparas. A mí me las mostró ayer.

   _____

8. Al principio, no queríamos darte una bicicleta, pero por fin te la dimos.

Se lo / se la / se los / se las

- For reasons of pronunciation, **se** replaces the indirect objects *le* and *les* when they are followed by a direct object pronoun.

le lo > **se lo**	les lo > **se lo**
le la > **se la**	les la > **se la**
le los > **se los**	les los > **se los**
le las > **se las**	les las > **se las**

Se lo traigo.

I bring it to him.
I bring it to her.
I bring it to you. (singular)
I bring it to them.
I bring it to you. (plural)

- Out of context, there is no way to know what the meaning of the indirect object is. To clarify the ambiguity, the prepositional phrase is added.

Se lo traigo **a Ud.**
Se lo traigo **a ellas.**

I bring it to you.
I bring it to them.

- In context, the meaning is clear.

Le doy a Enrique el periódico.
Se lo doy.

I give the newspaper to Henry.
I give it to him.

Ella quiere comprar una camisa.
Nosotros **se la** vendemos.

She wants to buy a shirt.
We'll sell it to her.

Les enviamos dinero a los estudiantes.
Se lo enviamos.

We send money to the students.
We send it to them.

Ana les trae dos pasteles a sus amigas.
Ana **se los** trae.

Ana brings two pastries to her friends.
Ana brings them to them.

Yo les quiero escribir a Uds. tres cartas.
Yo quiero escribír**selas.**

I want to write you three letters.
I want to write them to you.

Él les muestra las fotos a Juan y a Ana.
Él trata de mostrár**selas.**

He shows the photos to John and Ana.
He tries to show them to them.

A word about the double object pronoun
Try to practice the **se lo/se la/se los/se las** combination without going through two steps. Everytime you think of *to her, to him, to you, to them,* when followed by a direct object pronoun, use **se.** Note also, that the same intransitive verbs you learned in Chapter 10 are used over and over; these are the most frequently used verbs which naturally take indirect objects.

□ EXERCISE 9

Fill in the blanks with the correct double object pronoun according to the context of the sentence.

1. Les trajimos las flores. ___**Se las**___ trajimos.

2. Yo quería comprarte el carro, pero no tenía bastante dinero. Al fin y al cabo, no _____pude comprar.

3. Él no me dio el libro. No sé dónde está. ¿ Él _____ dio a Ud?

4. Necesito tu lápiz. ¿_____prestas?

5. ¿Por qué no les dijeron Uds. a los muchachos la verdad? ¿Por qué no _____dijeron?

6. Los hombres querían leer los periódicos de hoy. El vendedor _____ vendió.

7. Yo les traje una torta a Uds. Yo _____traje anoche.

8. Tratamos de hacerles muchas preguntas. Tratamos de hacer_____ porque no sabemos nada.

9. Loreta y Roberto me mandaron dos paquetes. _____mandaron ayer.

10. Te dimos la respuesta ya. _____dimos hace dos horas.

11. ¿Por qué les prestaste dinero? ¿_____prestaste porque necesitan ayuda?

12. Vamos a enseñarle la lección. _____vamos a enseñar.

13. ¿Tienen Uds. frío? ¿Necesitan otra chaqueta? _____puedo traer.

14. Ella no sabe que decirte. ¿Por qué no le cuentas el cuento? Es mejor contar_____.

15. Nadie quería decirle los resultados de las elecciones. Nadie _____quería decir.

Nos lo / nos la / nos los / nos las

La mujer nos trajo una flor.
Ella **nos la** trajo.

The woman brought us a flower.
She brought it to us.

Él va a devolvernos el súeter.
Él va a devolvér**noslo.**

He is going to return the sweater to us.
He is going to return it to us.

Nuestros amigos nos dan regalos cada año.
Nuestros amigos **nos los** dan.

Our friends give us gifts each year.
Our friends give them to us.

Ud. nos traía tortas los domingos.
Ahora, Ud. nunca **nos las** trae.

You used to bring us cakes on Sundays.
Now, you never bring them to us.

Os* lo / os la / os los / os las

Él no quiere escribiros una carta.
Él no quiere escribír**osla.**

He doesn't want to write a letter to you.
He doesn't want to write it to you.

Vuestra tía os lee un libro en la noche.
Ella **os lo** lee.

Your aunt reads a book to you at night.
She reads it to you.

Ana no os mandó recuerdos.
Ella debe mandár**oslos.**

Ana didn't send you souvenirs.
She should send them to you.

El doctor no os dio las pastillas.
El farmacista **os las** vendió.

The doctor didn't give you the pills.
The pharmacist sold them to you.

☐ EXERCISE 10

Translate the following into Spanish. Practice indirect objects, direct objects, double object pronouns as well as the tenses.

1. I told you everything. You said nothing to me.

   _____

2. We were going to give two notebooks to the students.

   _____

3. Lisa doesn't have anything to write with. I have two pens and decide to give them to

   her. _____

---

*Os means *to you* in the plural, familiar *vosotros* form; it is used only in Spain.

4. I gave a violin to my nephew. I gave it to him.

   _____

5. He was going to give the guitar to Hector. He decided to give it to me.

   _____

6. Who can show us the new coats? Who wants to show them to us?

   _____

7. The birds were singing and the children were playing.

   _____

8. Carmen read a good book two weeks ago. She gave it to me yesterday.

   _____

9. I returned the book to her today. I returned it to her at ten o'clock in the morning.

   _____

10. Elena had bad dreams last night. She told them to me this morning.

    _____

11. We like to share everything.

    _____

12. Your grandmother wants you to read the article to her.

    _____

13. We hope that he knows how to swim so that he can teach us.

    _____

14. Joe lent Michael the money. He lent it to him yesterday.

    _____

15. Your cousin did you a favor. He did it for you because he is a good friend.

    _____

16. After bringing her coffee, I went to my office. She called me later.

    _____

17. She was buying the guitar when her friend offered her a piano.

    _____

18. We saw the sofa that she had in her house. She gave it to us.

    _____

- This combination does not occur with many verbs. It is most common with the action of putting on or taking off clothes (*ponerse la ropa, quitarse la ropa*), with verbs that are used with parts of the body (*lavarse, cepillarse, lesionarse, peinarse, secarse*), and with some idiomatic verbs (*comerse*).

- The objects are placed directly before the first verb or attached to the infinitive.

Me pongo un abrigo en el invierno.	*I put on a coat in the winter*
Me lo quito en el apartamento.	*I take it off in the apartment.*
¿Te lavaste la cara hoy?	*Did you wash your face today?*
¿**Te la** lavaste?	*Did you wash it today?*
Nos cepillamos los dientes cada noche.	*We brush our teeth every night.*
Nos los cepillamos en la mañana, también.	*We brush them in the morning, too.*
Ellos se peinaron el pelo.	*They brushed their hair.*
Ellos **se lo** peinaron.	*They brushed it.*
Me comí todo el pescado.	*I ate up all the fish.*
Me lo comí.	*I ate it all up.*
Él se puso los zapatos.	*He put on his shoes.*
Él **se los** puso.	*He put them on.*
Ella se quitó la gorra.	*She took off her hat.*
Ella **se la** quitó.	*She took it off.*
¿Por qué se quitó Ud. la chaqueta?	*Why did you take off your jacket?*
¿Por qué **se la** quitó Ud?	*Why did you take it off?*
Yo no quería cortarme el pelo.	*I didn't want to cut my hair.*
No quería cortár**melo**.	*I didn't want to cut it.*
Ella no pudo lavarse las manos anoche.	*She couldn't wash her hands last night.*
Ella no pudo lavár**selas**.	*She couldn't wash them.*
¿El niño trató de ponerse los calcetines.	*The child tried to put on his socks.*
¿Él trató de ponér**selos**.	*He tried to put them on.*

A reminder
With clothes and parts of the body and the reflexive verb, the possessive adjective is not used.

- The following verbs can be used with **se** and the indirect object. These actions are seen as unplanned occurrences; that is, an action that seemed to just happen and was no one's fault. The action of the verb is unintentional on the part of the speaker.

- This construction occurs in the third person singular and plural only.

- The subject usually follows the verb.

Se me cayó el plato.	*I dropped the plate.**
El plato **se** cayó.	*The plate fell.*
El plato **se me** cayó.	*The plate dropped itself on me.*

acabarse	*to run out of*	olvidarse	*to forget*
caerse	*to drop*	perderse	*to lose*
ocurrirse	*to get the idea of*	romperse	*to break*
morirse	*to die*		

No se me ocurrió trabajar ayer.	*It didn't occur to me to work yesterday.*
Se me cayeron los lápices.	*I dropped the pencils.*
Se nos olvidó la fecha de tu cumpleaños.	*We forgot the date of your birthday.***
¿Se te murió tu perro?	*Did your dog die?****
No pudimos hacer los sándwiches; se nos acabó el pan.	*We couldn't make the sandwiches; we ran out of bread.*
Se me perdieron mis gafas.	*I lost my glasses.*****
¿Cómo se les rompieron las lámparas?	*How did you break the lamps?*

---

*This is the accepted translation for *se me cayó el plato.* You can see, however, that in English, the pronoun takes responsibility for the action. *I* dropped the plate. In Spanish, the feeling is that the plate dropped, and affected <u>me.</u>
**A more literal translation is: *The date of your birthday was forgotten from us.*
***This sentence has the feeling that your dog died and took something of you with him.
****Or: *My glasses got lost.*

☐ EXERCISE 11

Complete the following sentences with the appropriate objects and verb form.

1. Me lastimé el tobillo. Yo _me lo lastimé_ .

2. ¿Por qué no te secas el pelo? ¿Por qué no _____?

3. Vamos a quitarnos el vestido. Vamos a _____.

4. Ellos se cepillaron los dientes. Ellos _____.

5. Él se puso las medias. Él _____.

6. Me corté el dedo. Yo _____.

7. Los niños se van a lavar las manos. Ellos _____.

8. Ella se peina el pelo bonito cada día. Ella _____.

☐ EXERCISE 12

Translate into English.

1. A él le gustó el pollo y se lo comió.

   _____

2. Miguel no pudo entrar en su casa porque se le perdieron las llaves.

   _____

3. Se me cayó la cuchara en la mesa y me puse furiosa.

   _____

4. Ellos se dieron cuenta de que sus amigos no venían a verlos.

   _____

5. ¿Cómo se les ocurrió escribir un libro juntos?

   _____

6. Se me olvidó hacer mi tarea. Se me acabó la paciencia.

   _____

7. ¡Cuidado! Se les van a caer los vasos. Ya se nos rompieron dos.

   _____

8. Después de ponerse las medias, ellos se pusieron los zapatos y se fueron.

   _____

CHAPTER 1
Nouns, Articles and Adjectives

☐ EXERCISE 1

1. el	11. la
2. el	12. la
3. la	13. el
4. la	14. el
5. el	15. el
6. el	16. la
7. la	17. el
8. el	18. el
9. el	19. la
10. la	20. la

☐ EXERCISE 2

1. los hoteles	11. las plantas
2. las amistades	12. las flores
3. los teléfonos	13. los perros
4. los trenes	14. las ilusiones
5. las ventanas	15. las clases
6. los doctores	16. las lecciones
7. las ciudades	17. los taxistas
8. las bolsas	18. las lámparas
9. las mesas	19. las sillas
10. los idiomas	20. las luces

☐ EXERCISE 3

Memory and recall

☐ EXERCISE 4

1. viejo	11. pequeño
2. difícil	12. fantástico
3. maravilloso	13. inteligente
4. simpática	14. interesante
5. amarilla	15. grande
6. hermoso	16. rico
7. delgada/flaca	17. joven
8. blanco	18. roja
9. caro	19. azul
10. barato	20. verde

☐ EXERCISE 5

1. las lámparas azules
2. los amigos fantásticos
3. los perros grises
4. las cervezas negras
5. los vinos rosados
6. las personas fuertes
7. los días maravillosos
8. las luces verdes
9. las ciudades pequeñas
10. los muchachos jóvenes

☐ EXERCISE 6

1. los tomates rojos
2. los hombres fuertes
3. las mujeres delgadas
4. las blusas amarillas
5. las canciones interesantes
6. los planetas verdes
7. las ventanas azules
8. los hoteles viejos

CHAPTER 2

Ser and Estar

☐ EXERCISE 1

1. estamos/ está (location)
2. están (location)
3. está/ está (health)
4. están (health)
5. están (location)
6. está (location)
7. está/está(changing mood)
8. están (changing mood)
9. estoy (changing mood)
10. está (location)

☐ EXERCISE 2

1. Yo estoy en la casa amarilla.
   ¿Dónde está Ud? *or* ¿Dónde estás tú?
   ¿Dónde están Uds?
2. Las blusas rojas están en la tienda grande.
3. La flor blanca está en la ventana.
4. Estamos en el tren.
5. ¿Cómo está Ud? Estoy bien, gracias.
   or ¿Cómo están Uds? ¿Cómo estás tú?
6. Estamos cansados pero estamos contentos.

☐ EXERCISE 3

1. es/es (description)
2. son/es (profession)
3. son (point of origin)
4. son (description)
5. es (description)
6. somos (identification)
7. son (material)
8. son (origin)
9. soy/es (origin)
10. es (possession)
11. eres (identification)
12. son (description)
13. es (origin)
14. es (profession)

☐ EXERCISE 4

Ser

1. es
2. es
3. son
4. son
5. somos

Estar

1. está
2. estoy
3. está
4. estamos
5. estás
6. están

Ser or estar

1. soy (identification)
2. están (location)
3. están (health)
4. eres (profession)
5. es (decription)
6. están (location)
7. están/estamos (health)
8. son (decription)
9. están (location)
10. está (mood)
11. son (description)
12. están/es (location/description)
13. está/está (health/mood)
14. son (description)
15. están/son/son (location/origin)
16. es (origin)
17. están/están/son (location/mood/identification)
18. está (location)
19. está (location)
20. estamos/somos (mood/identification)
21. es/son (point of origin)
22. está/es (mood/description)

□ EXERCISE 5 — Oral

Answers may vary

1. Estoy bien, gracias.
2. Ella está en la casa
3. Soy de Nueva York
4. El hombre está en el carro.
5. El concierto es en el parque.
6. Estoy alegre
7. La lección es difícil
8. Las flores están en el piso.
   Son de Florida.
9. El apartamento de Tomás
   es pequeño.
10. Estoy contento, gracias.

□ EXERCISE 6

están/ estoy/ es
está/ es/ es/ es

CHAPTER 3

□ EXERCISE 1

Spanish to English
1. Is there an easy lesson in the book?
2. There are no cockroaches in the restaurant.

3. Are there red shirts in the store?
4. There are flowers in the balcony of the apartment.

5. Is there class today?
6. Are there more questions of/ from the students?

English to Spanish
1. Hay muchas plumas en la mesa
   del maestro.
2. ¿Hay un doctor en el hospital?
3. Hay dos mujeres en la clase.
4. No hay cerveza en la casa de Lisa.

□ EXERCISE 2

1. ¿Cuál?
2. ¿Qué?
3. ¿Cómo? or ¿Dónde?
4. ¿Por qué?
5. ¿Quién?
6. ¿Por qué?
7. ¿Cuántos?
8. ¿Cómo? or ¿Dónde?

□ EXERCISE 3

1. en
2. de
3. de
4. con
5. en
6. de

□ EXERCISE 4

1. the beautiful room
2. the pleasant person
3. the sweet friendship
4. the exciting play
5. the beautiful day
6. the low building
7. the strange dream
8. the long war
9. the wide avenue
10. the new year

1. el niño cariñoso
2. la tarea fácil
3. la ciudad peligrosa
4. la persona baja
5. el mes corto
6. la playa hermosa
7. la mujer amistosa
8. el hombre amable
9. la avenida estrecha
10. las personas orgullosas

□ EXERCISE 5

Answers may vary

☐ EXERCISE 6

1. es/están	12. son/son
2. es	13. somos/son
3. está	14. es/está
4. es	15. estoy/está
5. es	16. es
6. hay	17. hay
7. está/está/está	18. es/es
8. hay	19. son/están
9. están/hay	20. están/está
10. hay/es	21. es
11. hay	22. es/son

☐ EXERCISE 7

1. Where are the students on Sundays?
2. Saturdays and Sundays are holidays.
3. In the spring, there are beautiful flowers in the parks
4. In the autumn, there are yellow and red leaves on the trees.
5. What day is today? Today is Wednesday. What month is it? It is September.
6. How many days are there in June? How many days are there in a year?
7. The streets of Mexico are narrow. The houses are low and pretty.
8. Why are the newspapers and the magazines on the floor?
9. There is class, but the students are at the beach where there is a swimming pool also. The professor is angry but the students are happy.
10. The buildings of the big cities are tall.
11. The children are at the beach because it is summer.
12. A lot of people are in the restaurants because it is winter.

CHAPTER 4
Numbers

☐ EXERCISE 1

1. veintiocho/cuatro/ veintinueve
2 treinta y ún
3. siete/cincuenta y dos
4. setenta y seis/ sesenta y siete
5. veintiuna/un
6. ciento treinta y cinco
7. dos mil cuatrocientos cincuenta y seis
8. noventa y uno/quinientos cuarenta y dos/seiscientos treinta y tres
9. ochocientos sesenta/ cincuenta/ ochocientos diez
10. cien/cien
11. quince / doscientas cincuenta y cuatro
12. doscientos treinta y cinco

☐ EXERCISE 2

1. la calle setenta y dos
2. el piso cuarenta
3. la calle ciento treinta y cinco
4. el tercer capítulo
5. la cuarta lección
6. el quinto mes

EXERCISE 3

1. jueves/once
2. los sábados
3. cien
4. el dieciocho de octubre mil novecientos setenta y tres
5. catorce/mil novecientos noventa y cinco
6. primer/primera

EXERCISE 4

1. A las seis de la tarde
2. A las ocho de la mañana
3. A la una de la tarde
4. A las siete y quince de la noche
5. Son las diez de la noche.

1. Son las dos y veinte de la tarde.
2. Son las cuatro y media de la mañana.
3. Son las nueve y cuarto de la noche.
4. Son las seis en punto.
5. Son las cuatro menos veinticinco de la tarde.
6. Son las siete y diez de la mañana.
7. A eso de las dos de la tarde.
8. A las nueve de la mañana exactamente.

EXERCISE 5

1. It is two o'clock in the afternoon and the students are in class.
2. The kitchen is dirty but the bathroom is clean.
3. Where are the restaurant's 13 waiters?
4. There is class on Mondays and Thursdays.
5. At eight thirty, the soup is cold and the dishes are dirty.
6. How many glasses are there on the table at seven in the morning in Richard's house?

EXERCISE 6

Answers may vary.

1. Hay cincuenta y dos semanas en un año.
2. Hay trescientos sesenta y cinco días en un año.

3. Son cincuenta y seis.
4. Son doscientos siete.
5. Es grande.
6. Porque hay muchas flores.
7. Sí, es deliciosa.
8. El desayuno es a las siete de la mañana.

CHAPTER 5

Regular Verbs

EXERCISE 1

1. caminan/regresan
2. nada
3. estudia
4. descansamos
5. llega
6. cantan/bailan
7. hablan
8. compra
9. trabaja/cocina
10. entran
11. escucho
12. mira
13. practican
14. limpian
15. viajo/bajo
16. contesta

EXERCISE 2

Answers may vary

EXERCISE 3

1. corre
2. bebe
3. comemos
4. aprenden
5. leo/leen
6. comprendemos
7. venden
8. rompen

□ EXERCISE 4

1. comparte
2. abre
3. vive
4. discutimos
5. escribes
6. deciden
7. recibe
8. suben

□ EXERCISE 5

1. toman
2. lleva
3. debe
4. toca
5. debemos
6. llevo
7. pasa
8. toca
9. gana
10. toma

CHAPTER 6
Irregular verbs

□ EXERCISE 1

1. cierro
2. piensa
3. juegan
4. almorzamos
5. recuerdas
6. empieza

□ EXERCISE 2

1. sabe/saben
2. perdemos
3. hace
4. tengo/tiene/ tenemos
5. vuelve
6. entienden
7. puedo
8. vemos
9. devuelve
10. pongo
11. quiere

□ EXERCISE 3

1. Yo sé donde hay un restaurante barato en la quinta avenida.
2. Carlos no quiere hacer una cita con el dentista.
3. No queremos limpiar el apartamento hoy.
4. Veo un gato gris y un pájaro azul.
5. Ella entiende las ideas pero no quiere hablar.
6. ¿Quién puede cantar y bailar en la fiesta?
7. Hago la tarea a las ocho los lunes.
8. Quiero volver al trabajo el martes.

□ EXERCISE 4

1. repite
2. miente
3. salir
4. dormimos
5. seguir
6. vienen
7. oír
8. prefiere
9. sirven

□ EXERCISE 5

Answers may vary

□ EXERCISE 6

1. cierran/salen
2. juegan
3. almorzamos
4. empieza
5. sabe
6. entiende/recuerda
7. prefiero
8. tengo
9. ser
10. seguimos

11. duermen
12. encontrar
13. viene
14. estamos
15. puede
16. veo/veo
17. hay
18. volver
19. pongo/sirve
20. hacer/hago

☐ EXERCISE 7

1. What floor do Pablo's friends live on?
   Are they from Peru? Do they speak English?
2. Sebastián leaves Carla's house at eight
   o'clock in the morning. He arrives at the
   office at nine o'clock. He works eight hours.
   At what hour can he arrive at Carla's house?
3. What do you speak about? With whom do
   you speak?
4. Why is there a tree in the house?
5. To be or not to be.
6. At noon, we enter the building and go up
   to the third floor; at three o'clock in the
   afternoon, we go down to the first floor
   and we leave.

CHAPTER 7
Ir

☐ EXERCISE 1

1. van
2. vamos
3. ir
4. va
5. ir
6. voy
7. vas
8. ir/ir

☐ EXERCISE 2

1. va a viajar/necesita
2. van a estar
3. va a firmar
4. voy a terminar
5. va a comprar
6. vamos a celebrar
7. podemos ir
8. va a aceptar
9. vamos a disfrutar/vamos
10. voy a cocinar/ir
11. va a apagar
12. van a pasar

☐ EXERCISE 3

Answers may vary

☐ EXERCISE 4

1. tienen hambre
2. tiene sed
3. tengo suerte
4. tienen sueño
5. tenemos frío/
   tenemos calor
6. tiene la palabra

7. tienes miedo
8. tengo prisa
9. tiene éxito
10. tiene dolor
11. tener cuidado
12. tiene razón
13. tiene lugar
14. tenemos ganas
15. años tiene
16. tiene que ver con

☐ EXERCISE 5

acabo de/tengo que/
tratar de/dejar de

☐ EXERCISE 6

1. para aprender
2. que ella está aquí
3. que vive aquí
4. que yo debo ir
5. para tocar
6. para quién
7. que necesito
8. para dos personas

☐ EXERCISE 7

1. ser
2. correr
3. cocinar
4. está
5. cerramos
6. abro/salen
7. trata (de)
8. tienen
9. hace/bebe
10. ir/vive
11. empieza/debemos
12. trabajo
13. duerme/come/nada/juega
14. sabe
15. pierde

☐ EXERCISE 8

1. ir/va
2. vas
3. vamos
4. van
5. voy/voy

☐ EXERCISE 9

1. tiene sueño/tiene hambre
2. venir
3. hacer/tiene miedo
4. salen/vuelven o regresan
5. lee/saber
6. hay
7. toma/prefiere
8. ganar
9. llegar
10. son/está
11. subo/bajo
12. regresa o vuelve/cocinar
13. tengo frío
14. tiene calor
15. tiene sed
16. perdemos
17. tiene razón

☐ EXERCISE 10

1. el pelo/los ojos
2. la cara
3. pie/tobillo
4. la boca/ los dientes
5. el oído
6. el hígado
7. los pulmones
8. la rodilla
9. estómago
10. los labios

☐ EXERCISE 11

1. está
2. son
3. estar
4. es
5. ser/ser
6. está
7. estar
8. somos
9. es
10. es
11. es/es
12. soy/son

☐ EXERCISE 12

1. hijos
2. hermanos
3. esposa
4. esposo
5. nietos
6. abuela
7. tío
8. tía
9. cuñado
10. cuñada
11. suegro
12. suegra
13. abuelo
14. parientes

CHAPTER 8
Adjectives and Adverbs

☐ EXERCISE 1

1. mis
2. sus
3. sus
4. nuestros
5. su
6. su
7. sus
8. sus
9. nuestra
10. nuestra
11. su
12. su

☐ EXERCISE 2

1. ese
2. esta/ese
3. estas/esas
4. aquel/aquella
5. esta/esos
6. aquellas
7. esos
8. este

☐ EXERCISE 3

1. francesa
2. japonesa
3. los guatemaltecos
4. canadiense
5. los nicaragüenses
6. los costarricense
7. hindú/hindú
8. portugués

☐ EXERCISE 4

1. todos
2. única
3. mucha
4. bastante/ambos
5. último
6. cada
7. buen
8. mala
9. algunas/algunos
10. pocos
11. próximo
12. otro
13. varias

☐ EXERCISE 5

1. misma clase
2. ciudades antiguas
3. hombre pobre
4. pobre niña
5. gran mujer
6. viejas amigas

☐ EXERCISE 6

1. la mejor
2. tan caro
3. el más grande
4. más interesante
5. tantos
6. más pequeña
7. más alta/
   más alto
8. más emocionantes
9. menor/
   más contenta/
   mayor
10. menos anchas
11. tan inteligentes
12. más vieja
13. más que
14. menos que
15. más bello
16. la mejor
17. mayor
18. la menor
19. más picante
20. más limpio
21. más cariñosos
22. el mejor/el peor
23. más importante/
    más importante
24. más triste
25. más cansados
26. tanta
27. tantos
28. mejor
29. menos
30. más

☐ EXERCISE 7

1. sinceramente
2. locamente
3. totalmente
4. verdaderamente
5. inocentemente
6. cariñosamente
7. completamente
8. normalmente

☐ EXERCISE 8

1. siempre/temprano
2. bien/claramente
3. lentamente
4. felizmente
5. frecuentemente
6. todavía no
7. ya no
8. arriba/abajo
9. rápida/alegremente
10. siempre/cariñosamente
11. mucho
12. derecho
13. allá
14. honesta/sinceramente

☐ EXERCISE 9

1. Mi hermano menor tiene diez años.
2. Él entiende este capítulo, pero no quiere aprender todas las palabras.
3. Yo sé porque su hermana quiere ir a España. Sus parientes están allí.
4. Cada año, el dia de acción de gracias, cocinamos demasiado.
5. Juan siempre pierde sus guantes.
6. Su abuela es mayor que su abuelo.
7. El último mes del año es diciembre; el primer mes es enero.
8. Tenemos una buena clase; aprendemos mucho.
9. Su libro acaba de llegar.

10. Yo sé que mi gato es más inteligente que su perro.
11. Estos árboles son más viejos que aquellos árboles.
12. Escuchamos las mismas canciones tristes todos los días.
13. Piensas que el presidente de los Estados Unidos es un gran hombre?
14. ¿Viene Ud. a nuestra fiesta el viernes? Empieza a las nueve de la noche.
15. Carolina es tan alta como Enrique; su hermana es la más alta de todos.
16. Este libro es el libro más interesante de la biblioteca.
17. ¿Cuál es el animal más peligroso del mundo?
18. Soy la única persona de la familia que sabe jugar al tenis. A veces, yo gano; a veces, pierdo.

☐ EXERCISE 10

1. Mr. Gomez does his work with difficulty.
2. She speaks sincerely and her friend answers humbly. (with humility)
3. This woman always explains everything clearly.
4. Frankly, I don't want to go out tonight. I prefer to read and to write calmly.
5. Bernard always goes to the same restaurant. He thinks that it is the best restaurant in the city.

CHAPTER 9
Negatives and Prepositions

☐ EXERCISE 1

1. no aprendemos nada.
2. nadie va a la fiesta.
   ninguna persona va a la fiesta.
3. no escucho nunca.(jamás)
4. no tienen ningún enemigo.
5. no hay ningún hospital por aquí.
6. nunca viajo.
7. no es nada cómica.
8. no bailo nunca.

☐ EXERCISE 2

1. No tengo más que treinta dólares
   en mi cartera.
2. Nunca estamos contentos.
3. No hago nada hoy.
4. No quiero ir tampoco.
5. Este programa no es nada interesante.
6. No hay ninguna farmacia por aquí.
7. ¿No quieres tomar nada?
8. Ella no tiene ninguna amiga.
9. El novio nunca limpia el apartamento.
10. Ella no estudia jamás.
11. Ninguna mujer quiere bailar con él.
12. Nadie vive en la casa blanca.

☐ EXERCISE 3

Answers may vary.

1. No quiero ir tampoco.
2. Nadie cocina para mí.
3. No es nada interesante.
4. Yo nunca voy de vacaciones.
5. No hablo con nadie tan temprano
   a las seis de la mañana.
6. No corro nunca al tren.

☐ EXERCISE 4

1. conmigo
2. sin ti
3. en él
4. consigo
5. para ellos
6. entre él y ella
7. entre tú y yo
8. hacia nosotros
9. conmigo/con él
10. cerca de él
11. delante de ellos/ante
12. delante de nosotros/ante
13. detrás de ella
14. lejos de él/cerca de mí

☐ EXERCISE 5

1. antes del almuerzo
2. después de la cena
3. después de comer
4. antes de ir
5. a pesar de salir
6. sin escuchar
7. para aprender
8. debajo de/encima de
9. cerca de
10. hacia
11. para
12. detrás de
13. sobre
14. por
15. delante de/ante
16. por
17. por/por
18. lejos de
19. por
20. para

☐ EXERCISE 6

1. She never speaks against her friends.
2. Mary's shoes are underneath her bed.
3. Australia is far from the United States.
4. The school is between the church and the bank.
5. I can see the river from my window.
6. She sleeps eight hours every night. She sleeps from 11:00 until 7:00.
7. Under the law, who has protection?
8. I put one book on top of the other.
9. Anthony never sings without us.
10. The witness has to appear before the judge.
11. The children talk a lot about the film.
12. The author writes about history and human rights.
13. The movie theater is far from the market.

☐ EXERCISE 7

1. Entro en la tienda por la puerta.
2. Todo el mundo quiere ir, excepto Samuel.
3. Todos los hombres bailan salvo Pablo.
4. Mi jardín está pegado al jardín de mi vecino.
5. Caminamos hacia el parque.
6. Hay una parada de buses enfrente de la casa de Laura.
7. Según las noticias, mucha gente no va a votar.
8. Hay sillas cómodas alrededor de la piscina.
9. Día tras día, ellos trabajan mucho.
10. La casa de Jaime está detrás de la escuela.
11. ¿Vas a estudiar para el examen?
12. Ella no quiere viajar por miedo.

☐ EXERCISE 8

Answers may vary.

☐ EXERCISE 9

1. bebe/toma(bebe)
2. toca/practica
3. hay
4. van
5. sé/ser
6. quiere ir/viven
7. limpio/tengo
8. dejar
9. es
10. sabemos/está
11. empieza/salimos
12. entendemos
13. están
14. puede
15. trata de cocinar/tiene éxito
16. hace
17. viaja
18. toca/toca/juegan
19. va a pagar
20. volver/regresar
21. tiene/debe ir
22. comprar
23. vienes/tomar
24. nadar
25. corren

☐ EXERCISE 10

1. antes de cantar
2. después de descansar
3. para llegar
4. después de comer
5. después de estar
6. sin escuchar
7. a pesar de trabajar
8. antes de ir
9. antes de tomar
10. en vez de hacer
11. por
12. por
13. para/por
14. para/por

☐ EXERCISE 11

1. sexta/séptima
2. rápidamente/a la izquierda
3. octavo
4. A las once menos quince/
   tercer
5. treinta y cuatro/tercera
6. A veces/debajo de/
   frecuentemente/en
7. mayor
8. menor
9. la séptima /a la derecha/
   a la izquierda/recto/
   derecho
10. hasta las once de la mañana
11. a las ocho de la mañana
12. a las ocho menos cuarto/quince
13. la primera
14. más estrechas
15. más alta que/mayor que
16. mejor
17. más triste que
18. menores
19. más fuerte que/mejor
20. peor

☐ EXERCISE 12

1. Mi sobrina va a tener trece años
   la próxima semana.
2. Las muchachas tienen hambre
   y sed y nadie sabe cocinar.
3. Ningún niño quiere ir al dentista.
   No sé porque todo el mundo tiene
   miedo de ir.
4. La película empieza a las ocho.
   Tenemos que llegar a las siete
   y media.
5. Ella piensa que él debe tratar de
   correr todos los días para ser
   más fuerte.
6. Ella va siempre a Las Vegas en
   el invierno. Pierde frecuentemente.
   Pero hoy tiene suerte y gana cien
   dólares.

7. La iglesia es vieja. Es mucho más vieja
   que este templo.
8. Trato de hablar con mis amigos en
   español. Tengo mucho que aprender.
   Debo estudiar cada mañana.
9. Carla pasa mucho tiempo en la tienda.
   Mira la ropa, pero sale sin comprar nada.
10. ¿Cuántos terremotos hay en California
    cada año?
11. ¿Quién está aquí? Soy yo.
12. Jorge es un buen hombre.
13. Elena y sus amigos son inteligentes.
14. Su abuela y su abuelo están contentos
    porque sus nietos están bien.

CHAPTER 10
The indirect object

☐ EXERCISE 2

1. me gusta
2. le gustan
3. nos gusta
4. me gusta
5. le gusta
6. le gusta
7. me gusta
8. les gusta
9. les gusta
10. les gusta
11. me gusta
12. te gusta
13. nos gusta
14. le gustan
15. le gustan
16. les gustan
17. me gustan
18. te gustan
19. le gusta
20. le gusta
21. nos gusta
22. les gusta
23. les gusta
24. les gusta
25. les gusta

□ EXERCISE 3

1. A él/a ella/ a Ud.
2. a mí
3. a ti/a ellos
4. a nadie
5. a quién

□ EXERCISE 4

1. Les encantan esos carros rojos.
2. Te agradan los programas.
3. Me gustan las sillas.
4. Nos importan nuestros amigos.
5. Le fascinan esas computadoras.

□ EXERCISE 5

1. Susan's head hurts.
2. I lack a pencil with which to write.
3. Why isn't dancing pleasing to you?
4. Exotic trips enchant us.
5. News of the day is interesting to her.
6. Does her perfume bother you?
7. Are the lessons important to you?
8. Is it convenient for you to continue your studies this year?
9. To drive in the rain is not pleasing to him.
10. Hot weather is not pleasing to her.

□ EXERCISE 6

Answers may vary

□ EXERCISE 7

1. me escribe
2. nos escriben
3. me da
4. te pregunto
5. me dice
6. le presta
7. les enseñamos a Ana y José
8. nos traen
9. le digo
10. le pregunto al taxista/ me cobra

□ EXERCISE 8

1. me quiere dar
2. les quiere enseñar a sus estudiantes
3. me van a comprar
4. le quiero vender
5. te puedo traer
6. le debe decir
7. nos puede enseñar
8. me puede hacer
9. le quiero dar
10. me preguntan

□ EXERCISE 9

1. quiere contarme
2. va a prestarle
3. va a escribirle
4. vamos a venderles
5. quiero prestarles

□ EXERCISE 10

1. te doy
2. le trae
3. nos quiere enseñar quiere enseñarnos
4. les vamos a escribir vamos a escribirles
5. me prestas

□ EXERCISE 11

1. Can you tell me, why doesn't Sandra like to play the guitar?
2. Elena's friend lends her books to you.
3. Elena gives to her brother the pens that he needs.

4. The music lessons are not expensive.
   The teacher charges his students $15
   per hour.
5. Playing tennis is fascinating to me, but
   it suits me more to swim.
6. The doctor is not in his office. I don't
   know if he wants to speak with me.
7. Between you and me, we have to decide
   who is going to tell the children a story.

8. Why does the lawyer ask the witnesses
   questions, if he already knows the answers?
9. Can you sell me two suitcases quickly?
   I am going to travel tomorrow.
10. She wants to call us on Thanksgiving day.
11. Celebrating St. Valentine's Day is
    pleasing to her.
12. Does it suit you to have chicken soup
    when you are sick?
13. I tell her that her idea is good.
14. Coffee is not pleasing to her. Her
    colleague always brings her tea.
15. The waiter brings a glass of water to
    the man. He brings a glass of milk
    to the youngsters.

☐ EXERCISE 12

1. Do you want to travel with me next
   year? Do you have a vacation? Where
   do you want to go?
2. Where do you like to eat? Do you prefer
   to eat in a restaurant or at home?
3. Does the pollution of the big cities
   bother you?
4. Is dancing pleasing to you? Who likes to
   dance with you?
5. The restaurant on 42nd Street and Ninth
   Avenue is not pleasing to them. Do you know
   the reason?
6. It is Susan's birthday. Should I bring her flowers?
7. We tell the children that it is important to
   study. Why don't they pay attention to us?
8. I lend money to Mary because she is a good
   friend and she always returns the money to me.
   Do you lend money to your friends?
9. What do you answer the child if he tells you that
   he is afraid to swim?
10. They want to give you a car in order to
    celebrate the New Year, but they only have
    $500. What should they do?
11. We are hungry. Who is going to teach us to cook?

12. Where am I? Can you give
    me good directions?

13. Your best friend wants to give
    you a good gift. He wants to do
    to do you the favor of cleaning
    your apartment. How many
    rooms do you have?
14. The child asks you,"why are
    there clouds in the sky?"
    Do you know the reason?

☐ EXERCISE 13

1. Cada año él le da un regalo a su novia.
2. Carla nunca me dice sus secretos.
3. Enrique no nos quiere prestar dinero.
   Enrique no quiere prestarnos dinero.
4. ¿Quién les va a comprar libros a los niños?
   ¿Quién va a comprarles libros a los niños?
5. Después de escribirles a sus amigos, él va al cine.
6. Ellos nos cobran demasiado. Les cobramos poco.
7. ¿Por qué no les contesta Ud. a los estudiantes?
   Les hacen muchas preguntas.
8. Les vamos a dar un perro a Pedro y a Rosa.
   Vamos a darles un perro a Pedro y a Rosa.
9. Te traigo café si me traes té.
10. Le digo a Ud. que el tren viene.
11. ¿Por qué nos enseña Ud. el alemán si queremos
    aprender el francés?
12. Ella escucha todo, pero no te dice nada.
13. La tía de Susana le dice que quiere ir a México.
    para sus vacaciones. Ella me dice a mí que quiere
    ir a París.
14. Después de estudiar mucho, ¿le duelen los ojos?
15. Todo el mundo quiere ir al partido de fútbol, salvo yo.

CHAPTER 11
Direct objects

☐ EXERCISE 1

1. besa a su esposo
2. llamar a sus amigos
3. acompaño a mi abuela
4. hallar a mi hermano
   menor
5. extraña a su familia
6. miramos a la maestra
7. ayudar a los pacientes
8. conozco a Pedro
9. ven a sus estudiantes
10. cuidan a sus hijos
11. lleva a los turistas
12. escucha al maestro
13. encontrar a su hermana
14. grita a su jefe
15. invitar a Ramona
16. esperar a su amiga

1. me espera
2. te conoce
3. van a ayudarnos
   nos van a ayudar
4. extrañarlas
5. lo busco/lo encuentro
6. lo ama
7. visitarla
8. las ven
9. los saludamos
10. lo va a dejar
    va a dejarlo
11. los cuida
12. después de llamarlo
13. la conocemos
14. la escucha
15. antes de invitarla

☐ EXERCISE 3

1. If a man accompanies a beautiful woman to the reunion, is he going to kiss her?
2. It seems to us that the boy is sick and cannot do his homework. We decide to help him.
3. Sara always arrives late and we don't want to wait for her any longer.
4. Do you miss your family who lives far away? Do you want to visit them?
5. The English people are going to arrive in the United States this afternoon. We are going to take them from the airport to a good hotel.

☐ EXERCISE 4

1. Veo a José pero no me ve.
2. No sabemos donde están los turistas que nos visitan de España.
3. Ellos van a visitar a sus amigos en el Canadá después de vender su barco.

☐ EXERCISE 5

1. lo tengo/quiero leerlo
2. la quiere limpiar
   quiere limpiarla
3. los tenemos/los vemos
4. los puede usar/los quiere vender
5. comprarlos
6. los encuentra/los halla
7. estudiarla
8. encontrarlas/hallarlas
9. los aman
10. tenerlo

☐ EXERCISE 6

1. la
2. lo
3. la
4. le
5. me/te
6. les
7. los
8. nos
9. les
10. les
11. me
12. les
13. la
14. los
15. lo
16. la
17. las
18. las
19. las/las
20. me/me

☐ EXERCISE 7

Answers may vary

1. Veo a mis amigos todos los sábados.
   Nos gusta ir al cine.
2. Ella mira a la profesora, escucha bien,
   pero todavía no entiende nada.
3. Lisa espera a su hermana que siempre
   llega tarde.
4. Viajamos a Ecuador para estar con
   nuestros parientes.
5. La lección es difícil y él la quiere estudiar
   para el examen.
6. ¿Puede Ud. ir al correo por mí? Tengo
   una carta para mi amiga y la quiere
   mandar hoy.
7. ¿Quieres acompañarlo a la fiesta?
   Él es tímido y no quiere ir solo.
8. ¿De dónde la conoce Ud? ¿La ve
   todo el tiempo?
9. Ella tiene zapatos nuevos pero no
   los lleva nunca.
10. Casi nunca te veo.

CHAPTER 12
Reflexive verbs

□ EXERCISE 1

1. despertarme
2. me levanto
3. me baño...me ducho
4. me siento
5. se llaman
6. se dedican
7. nos divertimos
8. expresarnos
9. acostarse
10. me duermo

□ EXERCISE 2

1. caerse
2. se afeita/se pinta
3. te enojas
4. nos quitamos
5. se ponen
6. quedarme
7. se preocupa
8. mudarme
9. tranquilizarse
10. nos alegramos
11. me cepillo
12. se peinan

□ EXERCISE 3

1. se desayunan
2. se encuentran con
3. se ponen
4. se ríe
5. se equivoca
6. me acuerdo
7. se aprovecha
8. se queja de
9. se fija en
10. burlarse de
11. se parecen
12. meterme en
13. se demoran
14. se enamora
15. nos callamos
16. se atreve a
17. se portan
18. se fía en

□ EXERCISE 4

se despierta
se ducha
vestirse
desayunarse
se encuentra con/se reune
  con
se dedican
se ayudan
se dice
se atreven
preocuparse
tranquilizarse/calmarse
sentirse
se demoran
se quema
se queda
se baña
se acuesta
se duerme

CHAPTER 13
The present subjunctive

☐ EXERCISE 1

1. vengan	10. me quede
2. diga	11. esté
3. haga	12. dé
4. conozcan	13. vayas
5. durmamos	14. sean
6. sepa	15. lean
7. tomemos	16. tenga
8. se levanten	17. traigamos
9. llegue	18. se sientan

☐ EXERCISE 2

1. diga	8. sepa
2. pague	9. haya
3. se sientan	10. vayan
4. deje de llorar	11. sea
5. expliquemos	12. hagamos
6. tenga	13. esté
7. dé	14. vean

☐ EXERCISE 3

Answers may vary

1. Quiero que ellos viajen
2. Lo siento que mi amigo tenga malos sueños.
3. Es posible que ella no se divierta mucho.
4. Él duda que seamos buenos estudiantes.
5. Ella teme que no volvamos a los Estados Unidos.
6. Yo le pido que Sara me traiga flores a mi casa.
7. Dudo que Ud. conozca a mi tío.
8. Es una lástima que no nos veamos mucho.
9. ¿Es posible que no haya clase los lunes?
10. No creo que Carla sea de Polonia.

☐ EXERCISE 4

1. tengan
2. tienen
3. visite
4. traigamos
5. ame
6. vea/veamos
7. están
8. se queja
9. entienda
10. puedas
11. se acuerde
12. estén

☐ EXERCISE 5

se levanta
ir
se desayunen
salir
se diviertan
viene
se pongan
sea

☐ EXERCISE 6

1. antes de que/visite
2. después de que/me bañe
3. a menos que/vayan
4. luego que/tenga
5. para que/sepan
6. luego que/terminen
7. antes de que/venga
8. para que/puedas
9. hasta que/lleguen
10. en caso de que/tengan
11. para que/estén
12. a pesar de que/tengan
13. sin que/invite
14. después de que/se vayan
15. pueda
16. nos reunamos/nos encontremos
17. vuelvan/regresen
18. aprenda

☐ EXERCISE 7

1. se enfermen
2. descansemos
3. llegue
4. se quejen
5. cocine
6. duermas
7. haya

8. tenga
9. esté
10. quiera
11. acompañe
12. sea
13. venga
14. hable

☐ EXERCISE 8

1. me acueste
2. se mejore
3. son
4. estudie
5. toque
6. gusta
7. vayan
8. haya
9. estén/ yo llegue
10. va
11. conozca

12. nade
13. vuelvan
14. visites
15. pueda
16. pongan
17. hagan
18. se sientan
    estén
19. se casen
20. vayas
21. debes
22. necesita

☐ EXERCISE 9

1. quieren
2. dé
3. ser
4. dormir
5. entiendan
6. leer
7. se ríe
8. hagas
9. está/escoja
10. podamos
11. salgan
12. comer/vivir
13. gusta

14. son
15. busquemos
16. se pone/hace
17. estar/estén
18. viajar/aprender
19. lleguen
20. sea
21. dormir/se despierte
22. digan/llegar/sepa
23. compartir
24. coma
25. tengan
26. te quedes
27. regreses

☐ EXERCISE 10

1. Es una lástima que no cocine bien.
2. No me gusta que se vaya.
3. Él se alegra de que ella le dé flores a su esposo.
4. Es importante que ella sepa la fecha.
5. Me alegro de que mis amigos estén bien.
6. Es dudoso que Paula conozca a Raúl.
7. Es posible que yo sea una buena estudiante.
8. Esperamos que la película empiece a las dos.
9. Ojalá que haga buen tiempo hoy.
10. Tal vez el tren llegue a tiempo.
11. Quiero que Rosa tenga mucha suerte.
12. Me alegro de que nos veamos mucho.

☐ EXERCISE 11

1. Pedro no piensa que el viaje sea bueno.
2. Me alegro de conocerle.
3. Esperamos que te sientas mejor.
4. ¿Me puede llamar cuando llegue a casa?
5. Laura insiste en que los niños se pongan la chaqueta.
6. Roberto espera que Julia baile con él esta noche.

☐ EXERCISE 12

Answers may vary

CHAPTER 14

☐ EXERCISE 1

1. abrió
2. cerré
3. viajamos
4. miró
5. visité/invité
6. empezó/llovió
7. regresaron/
   escucharon
8. gustó
9. se acostó
10. sonó
11. soñó
12. vi
13. nos divertimos
14. ofreció
15. ayudaron

☐ EXERCISE 2

1. Me gustó viajar.
2. leí un periódico.
3. cerraron la puerta.
4. Les ofrecí ayuda.
5. volviste tarde?
6. no se callaron.
7. se acordó de la idea.
8. empezó a las ocho.

☐ EXERCISE 3

1. dijo/dije
2. hicimos/hicieron
3. diste/darte
4. hubo
5. traje/trajeron
6. pusieron/puso
7. estuve/estuvieron
8. tuvo/tuve
9. fueron/fuimos
10. fue/fui
11. vinieron/vino
12. anduvimos/
    anduvieron

13. produje
14. cupieron

☐ EXERCISE 4

1. cupieron
2. trajo/dio
3. fue
4. pudieron
5. quiso
6. fuimos
7. anduvimos
8. estuvo
9. puse
10. dijo/tuve
11. hiciste
12. supimos
13. dio/trajo
14. produjo
15. vinieron
16. hubo

☐ EXERCISE 5

1. fue
2. fui
3. estuvimos
4. te fuiste
5. fueron
6. estuvo
7. estuvieron
8. fue
9. estuvo
10. fue

☐ EXERCISE 6

Answers may vary

☐ EXERCISE 7

1. durmió
2. siguieron
3. preferí/prefirió/prefirió
4. se despidió

5. nos divertimos/
   se divirtieron
6. se sintió/se vistió
7. se murió
8. sirvieron
9. mentí/mintieron
10. sonrió
11. se rió
12. repitió
13. corrigieron
14. me sentí/se sintieron

☐ EXERCISE 8

1. me tropecé
2. pagué
3. entregó
4. vagamos
5. colgué
6. castigó

☐ EXERCISE 9

1. contribuyó
2. se cayó
3. influyó
4. huyeron
5. construyeron
6. destruiste

☐ EXERCISE 10

1. Trabajé mucho ayer.
   Anoche, descansé.
2. Anoche, miramos
   televisión en vez de
   estudiar.
3. Yo le di a él mi perro;
   Él no me dio nada.
4. Ella leyó la carta de su
   amigo hace un mes.
5. Recibimos el paquete
   hace una semana.

6. ¿Qué le dijiste a ella?
   Te dije que él se murió
   el año pasado.
   or
   ¿Qué le dijo Ud. a ella?
   Le dije que él se murió.
7. Los niños se acostaron
   a las nueve anoche.
8. Vi a su hermana ayer.

☐ EXERCISE 11

1. entré
2. tomamos
3. se durmieron/
   me dormí
4. vieron/vi
5. empezó
6. Hizo
7. cobró/cobró
8. escribimos/recibieron
9. se despertó
10. encontraste
11. quise
12. fue/fue
13. dijo
14. pudieron

CHAPTER 15

☐ EXERCISE 1

1. llamaba
2. tenía
3. comía
   (repeated action)
4. era (description)
5. iban (repeated action)
6. eran (point of origin)
7. nos veíamos
   (repeated action)
8. eran (point of origin)
9. llegaba
   (repeated action)
10. volvíamos
    (repeated action)
11. Había (situation)
12. practicaba
    (continuous action)
13. ibas (were going)

14. iba (was going)
15. tenía (age with tener)
16. comían/comían
    (continuous action)
17. visitaban
    (repeated action)
18. bebían
    (repeated action)
19. era (description)
20. tenía/tenía
    (description)
21. Eran/brillaba
    (time/situation)
22. leía
    (continuous action)
23. hacía
    (continuous actions)
24. estábamos (condition)
25. era/se reía
    (description/continuous
    action)
26. decía/decías/decían
    (continuous action)
27. hacían
    (continuous action)
28. venía
    (continuous action)
29. Hacía/hacía/estaban/
    estaba (narration)
30. cocinaba
    (repeated action)

☐ EXERCISE 2

1 Yo era de Venezuela.
2 Ellos eran de España.
3. ¿Qué hora era?
4. Estábamos bien.
5. Era el más hermoso...
6. Estaban aquí.
7. No estaba cansada.
8. Éramos cantantes.
9. ¿Dónde estabas?
10. Yo estaba en la casa...

☐ EXERCISE 3

1. Era la una y llovía.
2. Yo lo sabía.
3. Él lo podía hacer bien.
4. Los niños querían
   comer hamburguesas.

5. Estudiábamos cuando
   el maestro entró.
6. El hombre huía
   cuando el policía lo
   cogió.
7. Todas las noches por
   muchos años, ella tenía
   el mismo sueño.
8. ¿Qué me decía (decías)
9. ¿Qué te iba a decir?
   (¿Qué le iba a decir?)
10. ¿Por qué la llamó él?
11. ¿Qué hora era cuando
    te dormiste (se durmió)
    anoche?
12. ¿Quién se enfermó
    ayer?
13. Íbamos a viajar a Cuba,
    pero no teníamos
    dinero.
14. Conocí a tu (su) amigo
    en México.
15. Se fue sin decirnos
    nada.
16. ¿Quién le dio las
    buenas noticias hoy?
17. El hombre estaba en
    el banco cuando el
    ladrón entró. Todo el
    mundo tenía miedo.
18. El año pasado, fuimos
    a España. Nos divertimos.

☐ EXERCISE 4

1. fue
2. fue
3. iba
4. íbamos
5. fuimos
6. iban
7. iba/iba
8. ibas
9. fue
10. fueron

☐ EXERCISE 5

1. The child's mother
   told him that everything
   was going to be fine.

2. Did your feet hurt you during your trip?
3. There was a time when I visited museums.
4. I came, I saw, I conquered.
5. Between the second and third floor, I realized that I was going to fall down.
6. A long time ago, we used to have a good time.
7. I didn't know what to do.
8. They had a good relationship. He always cooked and she always washed the dishes.

☐ EXERCISE 6

1. compraste
2. traje
3. era/tenía
4. empezó/cerré
5. cruzaba/llamó
6. estuvieron
7. andábamos/vimos
8. cobró/cobró
9. escribimos/recibieron
10. caminaba/me di cuenta de/sabía/ estaba
11. conoció
12. se divertían
13. iba
14. llegaron/se quedaron

☐ EXERCISE 7

1. I wanted to have a coffee this morning. My colleague brought it to me.
2. The children have a lot of gifts. Their grandparents want them to give them to me.
3. She bought me a jacket. After buying it for me, she became happy.
4. My father refused to give me his car. Instead of giving it to me, he sold it to me.

5. I learned the directions well because my relatives gave them to me carefully.
6. She wants to give me three suitcases for my trip. I prefer that she lends them to me.
7. Each morning, the vendors used to sell me vegetables. Today, they didn't sell me anything.
8. I need two good books. I have to buy them because my friend doesn't want to lend them to me.

☐ EXERCISE 8

1. She doesn't give you water; she sells it to you.
2. We ought to give you the ring that you want this year. We ought to give it to you.
3. Last night, my older brother brought me an apple. He brought it to me because I was hungry.
4. You still have my compact discs. I want you to return them to me.
5. I like the lobster in this restaurant. I hope that the waiter serves it to me quickly.
6. I gave you the money because you are a good friend. I gave it to you because I have confidence in you.
7. I don't know why she didn't want (refused) to show you her lamps. She showed them to me yesterday.
8. At the beginning, we didn't want to give you a bicycle, but finally we gave it to you.

☐ EXERCISE 9

1. se las
2. te lo
3. se lo
4. me lo
5. se la
6. se los
7. se la
8. hacérselas
9. me los
10. te la
11. se lo
12. se la
13. se la
14. contárselo.
15. se los

☐ EXERCISE 10

1. Yo le dije todo. Ud. no me dijo nada. (Yo te dije todo. Tú no me dijiste nada.)
2. Íbamos a darles dos cuadernos a los estudiantes.
3. Lisa no tiene nada con que escribir. Tengo dos bolígrafos y decido dárselos.
4. Le di a mi sobrino un violín. Se lo di.
5. Él le iba a dar la guitarra a Héctor. Decidió dármela.
6. ¿Quién nos puede mostrar los abrigos nuevos? ¿Quién nos los quiere mostrar?
7. Los pájaros cantaban y los niños jugaban.
8. Carmen leyó un buen libro hace dos semanas. Ella me lo dio ayer.
9. Le devolví el libro hoy. Se lo devolví a las diez de la mañana.
10. Elena tuvo malos sueños anoche. Me los contó esta mañana.

11. Nos gusta compartir todo.
12. Su abuela quiere que Ud. le lea el artículo. (Tu abuela quiere que le leas el artículo.)
13. Esperamos que él sepa nadar para que nos pueda enseñar.
14. José le prestó a Miguel el dinero. Se lo prestó ayer.
15. Tu primo te hizo un favor. Él te lo hizo porque es un buen amigo. (Su primo le hizo un favor. Él se lo hizo porque es un buen amigo.
16. Después de traerle café, fui a mi oficina. Ella me llamó más tarde.
17. Ella compraba una guitarra cuando su amigo le ofreció un piano.
18. Vimos el sofá que ella tenía en su casa. Nos lo dio.

3. The spoon fell (I dropped the spoon) on the table and became furious.
4. They realized that their friends were not coming to see them.
5. How did it occur to you to write a book together?
6. I forgot to do my homework. My patience ran out.
7. Watch out! You are going to drop the glasses. We broke two already.
8. After putting on their socks, they put on their shoes and left.

☐ EXERCISE 11

1. me lo lastimé
2. te lo secas
3. quitárnoslo
4. se los cepillaron
5. se las puso
6. me lo corté
7. se las van a lavar
8. se lo peina

☐ EXERCISE 12

1. He liked the chicken and ate it up.
2. Michael couldn't enter his house because he lost his keys.

INDEX

ISBN 1553957806

20128884R00181

Made in the USA
Lexington, KY
21 January 2013